INHALT/
CONTENTS

VORWORT/
FOREWORD
DATO TURASCHWILI

AUTOR/AUTHOR
* 1966

Nicht einmal in Georgien und schon gar nicht in Deutschland oder anderswo ist heute allgemein bekannt, dass die Sozialdemokraten ausgerechnet in diesem Land im Südkaukasus zum ersten Mal auf der Welt durch Wahlen an die Regierung kamen – und zwar mit überwältigender Mehrheit. Das war im Februar 1919, nachdem Georgien im Mai 1918 seine Unabhängigkeit von Russland erlangt hatte – übrigens mit deutscher Hilfe.

Die neu gewonnene Freiheit war jedoch nur von kurzer Dauer: Schon 1921 marschierten die sowjetischen Truppen ein, das Land wurde annektiert. Und dabei blieb es: 70 Jahre lang war Georgien ein Teil der Sowjetunion – was nicht nur den Verlust der Unabhängigkeit, sondern auch eine schreckliche Unterdrückung mit sich brachte.

Zu Beginn der Besatzung, also in den 1920er Jahren, litten vor allem die Intelligenzija und die politische Opposition unter den bolschewistischen Repressionen. Doch in den 1930er Jahren konnten selbst Bolschewiken vor den Verhaftungen, Erschießungen oder der Verbannung nach Sibirien nicht mehr sicher sein. Selbst wer sich für den weltweiten Sieg des Kommunismus

It is not general knowledge today, not even in Georgia, let alone in Germany or anywhere else, that the first time Social Democrats were elected as part of a government was actually in this very country in the South Caucasus – and with an overwhelming majority at that. That was in February 1919, after Georgia had achieved its independence from Russia in May 1918 – indeed, with the help of the Germans.

This newly won freedom was not meant to last long, however: in 1921 the Soviet troops marched in to occupy the country. And so it remained: for 70 years Georgia was a part of the Soviet Union – which ushered in not only this loss of independence, but also terrible oppression.

At the beginning of the occupation, so in the 1920s, it was especially the more educated and the political opposition who suffered under the Bolshevik repression. But in the 1930s not even the Bolshevists were spared the arrests, executions by firing squads or exile to Siberia. Even those who campaigned for the victory of worldwide Communism were not immune to the terror. It sufficed only to come under suspicion of not being completely true to party principles. Each and every dissenting voice was strictly for-

stark machte, war nicht vor dem Terror gefeit. Es genügte, in den Verdacht zu geraten, nicht ganz linientreu zu sein. Denn jede abweichende Meinung war streng verboten – nicht nur außerhalb, sondern sogar innerhalb der Partei. Denn in der Sowjetunion sollte jeder stets darauf vertrauen, dass in der Regierung die anderen statt seiner denken. Das sowjetische Regime hat also die Menschen nicht nur physisch vernichtet – es wollte die Überlebenden zu einer Art Zombies machen, die die Absurditäten der sowjetischen Propaganda vorbehaltlos glaubten.

Durch diese Propaganda – und die Millionen Zwangsarbeiter – schuf die Sowjetunion die Illusion von sozialer Gleichheit und Wohlstand. Diese Illusion wurde besonders für die Georgier zur Achillesferse: Denn sie erlagen ihr und verloren deshalb allmählich die Fähigkeit, mit Tatkraft die Dinge anzupacken und Eigeninitiative zu beweisen. In dieser ungesunden Atmosphäre ohne jede belebende Konkurrenz veränderte sich die georgische Mentalität.

Doch selbst in den dunkelsten Zeiten bolschewistischer Herrschaft gab es in Georgien einzelne Menschen und Gruppen, die nie aufhörten, für die Unabhängigkeit Georgiens zu kämpfen. In den 1980er Jahren wurde dieser Widerstand so heftig und er ergriff so weite Teile der Bevölkerung, dass Georgien seine Unabhängigkeit zum Zeitpunkt der Auflösung der Sowjetunion faktisch bereits erlangt hatte.

Die von Moskau aus gelenkte kommunistische Regierung bestrafte die Demonstranten des 9. April 1989 genauso wie seinerzeit am 9. März 1956, als friedliche Studentendemonstrationen blutig niedergeschlagen wurden. Inzwischen, im Jahr 1989, herrschten jedoch völlig andere Verhältnisse und wenig später waren die Tage der bereits geschwächten Sowjetunion gezählt.

Unsere Generation im Jahr 1989 unterschied sich von der unserer Eltern, die damals 1956, als sie auf demselben Rustaweli-Boulevard standen, gar kein konkretes Ziel und keine einheitlichen Forderungen hatten. Sie protestierten gegen das sowjetische Regime, aber kaum jemand sprach laut über einen Austritt aus der Sowjetunion. Dennoch traf der Kreml eine brutale Entscheidung und eröffnete das Feuer auf friedliche Demonstranten.

Damals im Jahr 1956 ging es den georgischen Studenten – und übrigens nicht nur den jungen Leuten – um Kritik an konkreten Maßnahmen der sowjetischen Regierung. Am 9. April 1989 je-

bidden – not only non-party members but even within the party itself. For in the Soviet Union everyone should always be able to rely on the fact that the government does the thinking for the individual. The Soviet regime therefore not only destroyed the people physically – they attempted to model a kind of zombie out of the survivors, who should unconditionally believe the absurdities of the Soviet propaganda.

With this propaganda – and the millions of people doing forced labor – the Soviet Union created the illusion of social equality and prosperity. This illusion became an Achilles heel, especially for the Georgians: for they succumbed to it and therewith gradually lost their ability to approach things with any spirit or vigor or to prove their initiative. In this unhealthy atmosphere, lacking any stimulating competition, the Georgian mentality was transformed.

Yet even in the darkest times of the Bolshevik reign, there were individuals and groups in Georgia who never stopped fighting for its independence. In the 1980s this resistance became so powerful and took hold of such a vast part of the population that Georgia had already virtually achieved its independence by the time the Soviet Union collapsed.

The Communist government, controlled by Moscow, punished the demonstrators on April 9th, 1989 just as they had done on March 9th, 1956, as peaceful student demonstrations were quashed in a bloody massacre. In 1989, however, completely different circumstances prevailed and just a short time later the days of the already weakened Soviet Union were numbered.

Our generation in the year 1989 differed from that of our parents, who back in 1956 stood on that same Rustaveli Boulevard without any concrete aim or cohesive demands. They protested against the Soviet regime, but hardly anyone spoke aloud about an exit from the Soviet Union. Yet, in spite of this, the Kremlin made a brutal decision and opened fire on the peaceful demonstrators.

In those days in 1956 the Georgian students – and indeed not only the young people – were criticizing concrete measures of the Soviet government. On April 9th, 1989, however, hundreds of thousands of peaceful Georgian citizens were shouting with all their might in their cry for independence. And once again the protest cost a lot of blood. In contrast to March 9th, 1956, the Soviet soldiers did not open fire but they quelled

doch schrien sich Hunderttausende friedlicher Bürger Georgiens mit ihrem Ruf nach Unabhängigkeit die Seele aus dem Leib. Auch diesmal kostete sie der Protest wieder Blut. Im Unterschied zum 9. März 1956 eröffneten die sowjetischen Soldaten zwar nicht das Feuer, aber sie schlugen die friedliche Demonstration mit geschliffenen Spaten und Giftgas nieder, was den Tod von Dutzenden Menschen zur Folge hatte. Letztendlich bereitete ihr Tod der Unabhängigkeit Georgiens den Boden. Wenig später, im Oktober 1990, wurden in Georgien zum ersten Mal seit 1921 freie, demokratische Mehrparteien-Wahlen durchgeführt und 1991 zerfiel schließlich die Sowjetunion – moralisch, geografisch und als Staatswesen.

Das sogenannte Reich des Bösen hinterließ jedoch nicht wenige „Minen", die sehr bald ihre zerstörerische Wirkung zeigten. In der ethnisch sehr bunten Sowjetunion gab es nämlich zahlreiche ungelöste ethnische Probleme – die vielgepriesene „Freundschaft zwischen den Völkern" war nicht mehr als eine leere Parole. Daher brachen gleich nach der Auflösung der Sowjetunion ethnische Konflikte in den ehemaligen sowjetischen Republiken aus. So auch in Georgien, wo die Konfliktparteien von den russischen Generälen mit Kalaschnikows ausgerüstet wurden – wobei sie beide Seiten mit gleichem Eifer belieferten.

Waffen und Kriege brachten natürlich Opfer und Zerstörung mit sich. Und auf die Zerstörung folgten neue, unvorhergesehene Probleme. Deshalb sind die 1990er Jahre im kollektiven Gedächtnis der Georgier die Zeit ohne Strom und Gas, eine Zeit der Dunkelheit und des Hungers. Nächtelang standen die Menschen in langen Schlangen um Brot an. Jede Oma konnte unterscheiden, aus welcher Waffe in der Nacht geschossen worden war. Maschinenpistolen wurden zum Symbol dieser Zeit, einer Zeit, in der man ohne Wodka und Kognak kaum einschlafen konnte. Obwohl Georgien ein südliches und somit ein warmes Land ist, konnte man die Kälte im Winter unmöglich ohne Alkohol durchstehen. Im Weinland Georgien wurde der Wein durch Ethylalkohol ersetzt. Das mag harmlos erscheinen, aber im Bewusstsein der Georgier hinterließ es tiefe Spuren. Die veränderten Umstände schufen neue Probleme: Sehr viele Jugendliche – und nicht nur sie –, die Bürgerkrieg und kriminelle Schießereien heil überstanden hatten, wurden nun Opfer von Alkoholismus und Drogensucht.

the peaceful demonstrators with sharpened spades and toxic gas, which resulted in the death of dozens of people. Ultimately their death paved the way to Georgian independence. A short time later, in October 1990, Georgia was free for the first time since 1921; free, democratic, multiparty elections were held and in 1991 the Soviet Union finally collapsed – morally, geographically and as a political system.

The so-called Evil Empire, however, left more than a few "mines", which very soon displayed their destructive impact. In the ethnically diverse Soviet Union, there were indeed numerous unresolved ethnic issues – the much-lauded "friendship among peoples" was nothing more than an empty slogan. Hence ethnic conflicts in the former Soviet republics erupted immediately following the fall of the Soviet Union. As they did in Georgia, where the conflicted parties were armed with Kalashnikovs from the Russian generals – whereby both sides were being supplied with equal zeal.

Weapons and war certainly brought victims and destruction in their wake. And following this destruction were new, unforeseen problems. Which is why, in the collective memory of Georgians, the 1990s are a time without electricity and gas, a time of darkness and of hunger. For nights on end people stood in long lines for bread. Every grandmother could distinguish what kind of weapon had been fired during the night. Submachine guns became the symbol of this era, a time in which falling asleep without vodka and cognac was hardly imaginable. Although Georgia is a southern and therefore a warm country, the cold winters could not be endured without alcohol. In the wine country that Georgia is, the wine was replaced with ethyl alcohol. This may seem innocent enough, but it left deep scars in the public spirit. The altered circumstances created new problems: many adolescents – and not only young people –, who had survived civil war and criminal gunfights, now became the victims of alcoholism and drug addiction.

The times of hopelessness and corruption lasted until the beginning of the 21st century. Yet then Georgia was confronted with new challenges: the reconstruction of this independent country required many specialists. It became apparent that the graduates from the Soviet era had not gained the insights or skills they needed to ensure they were competitive. And without appropriate qualifications for its citizens and demo-

Die Zeit der Hoffnungslosigkeit und der Korruption dauerte bis Anfang des 21. Jahrhunderts. Dann jedoch wurde Georgien mit neuen Herausforderungen konfrontiert: Der Neuaufbau des unabhängigen Landes erforderte viele Fachkräfte. Da stellte sich heraus, dass die Hochschulabschlüsse und Diplome aus der Sowjetzeit nicht ausreichten, um die Menschen konkurrenzfähig zu machen. Und ohne adäquate Qualifikation seiner Bürger und demokratische Institutionen ist es unmöglich, dass Georgien in sein historisches Zuhause – nämlich Europa – zurückkehrt.

Die neue Realität schuf neue Entwicklungen. Innerhalb weniger Jahre verließen einige hunderttausend Bürger Georgiens aus sozialen oder politischen Gründen ihre Heimat. Sie gingen nach Europa, in die USA und sogar nach Australien. Sie versuchten, ein neues Leben zu beginnen. Aber das war – aus objektiven und subjektiven Gründen – nicht leicht. Am schwersten fiel es den Männern, sich in dem neuen Leben einzurichten. Im Gegensatz zu ihnen erwiesen sich die georgischen Frauen als sehr anpassungsfähig und sie schafften es, ihre Familie vor der durchaus realistischen Gefahr des Verhungerns zu retten. Die Frauen haben jedenfalls – im Gegensatz zu den Männern im damaligen Georgien – nicht resigniert und sogar aus eigener Kraft aus dem Nichts Arbeitsplätze geschaffen. Den Frauen haben wir es zu verdanken, dass das Land trotz der schwierigen Jahre immer noch sehr optimistisch ist. Von den USA oder Europa aus ernähren sie noch immer ihre zurückgebliebenen Familien. Die Summen, die die Georgierinnen ihren Männern, Brüdern und Kindern jeden Monat schicken, sind ein wichtiger Beitrag zu unserere Volkswirtschaft.

Aber es ist nicht zum ersten Mal in der Geschichte, dass die georgische Frau ihre Stärke beweist. Schon im 12. Jahrhundert hat in Georgien eine Frau den Thron bestiegen. Ganz zu Recht zählt die männlich betitelte Herrscherin „König Tamar" zu den stärksten Regenten in der Geschichte unseres Landes. Anfang des 13. Jahrhunderts schaffte sie die Todesstrafe ab – Jahrhunderte, bevor dies in weiten Teilen Europas geschah.

In der georgischen Geschichte ist auch der oben erwähnte Optimismus begründet – in einer Vergangenheit, auf die die Georgier sehr stolz sind. Gründe dafür gibt es genug: Das georgische Alphabet gehört zu den 14 ältesten Schriften. Schon im 1. Jahrhundert war das Christentum

cratic institutions, it is impossible for Georgia to return to its historical home – namely Europe.

This new reality elicited new developments. Within a short number of years, several hundred thousand citizens left their native land Georgia for social or political reasons. They went to Europe, to the USA and even to Australia. They attempted to start a new life. But this – for objective and subjective reasons – was not easy. It was most difficult for the men to establish and to adapt to a new life. In contrast, the Georgian women proved very resilient and managed to save their families from the very realistic danger of starvation. The women indeed – in contrast to the men in Georgia at the time – did not give up hope and on their own initiative they created jobs out of thin air. Thanks to the women of this country, we are still very optimistic despite these difficult years. From the USA or Europe they are still providing for the families they left behind. The amount that Georgian women send to their husbands, brothers and children every month is a significant contribution to our national economy.

But it is not the first time in history that the Georgian woman proved her strength. In the 12th century a woman acceded to the throne in Georgia. With good reason the masculine entitled "King Tamar" is considered one of the strongest Georgian rulers of all time. By the beginning of the 13th century she had abolished the death penalty – centuries before many other parts of Europe would.

This above-mentioned optimism stems from Georgian history – a history that Georgians are very proud of. There are enough reasons for this: the Georgian alphabet is one of the 14 oldest scripts. Back in the 1st century Christianity was widespread in Georgia and from then on it influenced the development of Christian culture and literature. One example of this is the wonderful book written in the Georgian language the "Martyrdom of the Holy Queen Shushanik" from the 5th century.

Georgians are also very proud that Georgia is the home of wine. The refinement of wild grapes to cultivated vines took place here an incredible 7000 years ago. It is astounding that in such a small country more than 500 grape varieties grow and wine is pressed.

Ancient choreographic and musical folklore are also things Georgians take great pride in: polyphony is in this regard unique. Up until today they sing seven-part songs in Georgia.

in Georgien verbreitet und prägte von da an die Entwicklung der christlichen Kultur und Literatur. Ein Beispiel dafür ist das in georgischer Sprache verfasste, wunderbare Buch *Das Martyrium der heiligen Schuschanik* aus dem 5. Jahrhundert.

Sehr stolz sind die Georgier auch darauf, dass Georgien das Heimatland des Weins ist. Die Züchtung der Kulturrebe aus der Wildrebe fand hier schon vor 7000 Jahren statt. Es ist erstaunlich, dass in einem so kleinen Land mehr als 500 Rebsorten wachsen und Wein gekeltert wird.

Auch auf ihre uralte choreografische und musikalische Folklore sind die Georgier stolz: Die Polyphonie ist in dieser Hinsicht einzigartig. Bis heute werden siebenstimmige Lieder in Georgien gesungen. Das sind nur einige der Gründe, warum die Georgier trotz allem optimistisch sind und an die unbedingte Rückkehr in das alte europäische Haus glauben, an eine Rückkehr als ein kleines, aber starkes, modernes, demokratisches und freies Land.

These are just a few of the reasons why Georgians are optimistic in spite of it all and believe in an unequivocal return to the old European house, in a return to a small but strong, modern, democratic and free country.

Dato Turashwili studierte Literatur und Kunstgeschichte in Tiflis, Madrid und London. Er ist politisch engagiert und war einer der Anführer der Studentenproteste in Georgien von 1988/89. 2003 unterstützte er aktiv die Rosenrevolution, die zum Rücktritt von Präsident Schewardnadse führte. Seit 1991 hat er zahlreiche Bücher, Drehbücher und Theaterstücke veröffentlicht. Sein erfolgreichster Roman, *Die Jeans-Generation*, wird in US-georgischer Koproduktion verfilmt und ist auf Deutsch, Niederländisch, Kroatisch und Italienisch übersetzt. Er schildert eine im Westen unbekannte Seite der Geschehnisse vor dem Zusammenbruch der Sowjetunion, als im Herbst 1983 sieben junge Leute ein Passagierflugzeug zu entführen versuchten, um in den Westen zu gelangen.

Dato Turashvili studied literature and art history in Tiflis, Madrid and London. He was an active political campaigner and one of the leaders of the 1988/89 student protests in Georgia. In 2003 he was actively involved in the Rose Revolution, which led to the resignation of President Shevardnadze. Since 1991 he has published numerous books, film scripts and plays. His most successful novel, *Flight from USSR,* is currently being filmed in a US-Georgian copro-duction and has been translated into German, Dutch, Croatian and Italian. It is an account of events prior to the fall of the Soviet Union when in 1983, virtually unknown to the west, seven young people attempted to hijack a passenger plane and fly to the west.

1
KETATO
POPIASCHWILI

SCHAUSPIELERIN, SÄNGERIN/ACTRESS, SINGER
* 1978

Sehr jung heiratet sie den Songwriter, Lyriker und Musiker Irakli Charkviani, eine Ikone der alternativen und jungen Musikszene der Neunzigerjahre. Sein erstes Solo-Album wird 1993 in Deutschland aufgenommen und herausgebracht. Er starb 2006. Ketato ist Sängerin und Schauspielerin und widmet sich dem Werk ihres verstorbenen Mannes.

She was the very young bride of the songwriter, poet and musician Irakli Charkviani, an icon of the young, alternative music scene of the 90s. His first solo album was recorded and released in Germany in 1993. He died in 2006. Ketato is a singer and actress and dedicates herself to the works of her deceased husband.

TEXT S. 272

TRIBUTE
არჩი

მეფე ირაკლის ლექსები

2
DAWIT DSCHISCHIASCHWILI & MANANA KWATSCHANTIRADSE

PHYSIKPROFESSOR/PHYSICS PROFESSOR
* 1950
PROFESSORIN FÜR LITERATUR UND SEMIOTIK/
LITERATURE AND SEMIOTICS PROFESSOR
* 1950

Über die Deutschen in Georgien wissen Dawit Dschischiaschwili und seine Frau Manana Kwatschantiradse viel zu berichten: Selbst von einer *Tante* erzogen – so nannte man die deutschen Gouvernanten – erzählen sie von den deutschen Siedlern im 18. Jahrhundert, der unvergessenen deutschen Unterstützung für Georgiens Unabhängigkeit nach 1918 und den deutschen Kriegsgefangenen nach dem 2. Weltkrieg. Auch ihre Bemerkungen zur heutigen Situation Georgiens sind sehr erhellend.

Davit Jishiashvili and his wife Manana Kvachatiradze know a lot about Germans in Georgia: themselves raised by a *Tante* (the translation of 'aunt' in German) – which is what German governesses were called – they tell of the German settlers in the 18th century, the unforgotten German support of Georgia's independence after 1918, and the German prisoners of war after WWII. And their comments on the current situation in Georgia are also very enlightening.

ბაზილი
ნიაშვილი

3
KETI DSCHISCHIASCHWILI

KÜNSTLERIN, AUTORIN, ÜBERSETZERIN/
ARTIST, AUTHOR, TRANSLATOR
* 1979

Keti hat als junges Mädchen die schwierige Zeit der Neunzigerjahre bewusst erlebt – beschützt von ihren Eltern und aus der Perspektive eines Kindes. Sie empfindet sie als wertvolle Erfahrung, die sie für ihr ganzes Leben geprägt hat. Sie berichtet freimütig über eine Zeit, an die sich die meisten Erwachsenen nicht erinnern wollen.

As a young girl, Keti was well aware of the difficult times in the nineties – protected by her parents and from the perspective of a child. She perceives the period as a valuable experience that has influenced her entire life. She gives candid accounts of a time that most adults do not want to be reminded of.

TEXT S. 274

4
ETERI
BADUASCHWILI

FRISEURIN/HAIRDRESSER
* 1979

Ursprünglich hatte sie Pharmazie studiert. In jener Zeit in den Neunzigerjahren, als auch Jobs nur gegen Bestechung zu haben waren, hätte sie 5.000 Dollar für eine Anstellung bezahlen müssen, und das zu einer Zeit, als eine Familie von 100 Dollar im Monat leben konnte. Da wurde sie Friseurin. Heute hat sie ihren eigenen kleinen Salon und kann gut davon leben.

Originally she had studied pharmacy. But in those days in the nineties, when bribery was the only way even to get a job, she would have had to pay 5.000 dollars to be hired - and that at a time when a family could live on 100 dollars a month. So she became a hairdresser. Today she has her own little salon and makes a decent living.

5
SOLOMON
LASARIASCHWILI

DERZEIT AUTOHÄNDLER/CURRENTLY A CAR DEALER
* 1966

Georgiens Exportprodukt Nummer 1 sind Gebrauchtwagen. Sie werden aus Westeuropa, USA und Japan importiert und hier auf dem größten Automarkt der gesamten Region an die östlichen Nachbarn und nach Zentralasien weiter verkauft. Bemerkenswert ist, wie die ursprüngliche Korruption auf diesem Markt durch absolute Transparenz und perfekten bezahlbaren Service abgelöst wurde. Hier verkauft auch Solomon Lasariaschwili gelegentlich Autos, die er aus Deutschland importiert.

Georgia's number 1 export is used cars. They are imported from Western Europe, the USA and Japan and are resold here at the biggest automobile trading market in the entire region to eastern neighbours and Central Asia. What is so remarkable about this formerly corrupt market is the fact that it has been replaced by absolute transparency and perfect, affordable service through the state vehicle registration office. Solomon Lazariashvili occasionally sells cars here, which he imports from Germany.

TEXT S. 276

6
TAMARA
GURGENIDSE

OPERNSÄNGERIN UND GESANGSPÄDAGOGIN/
OPERA SINGER AND VOCAL COACH
* 1940

In 40 Jahren auf der Opernbühne hatte sie alle Traumrollen eines Mezzosoprans: in Aida, Troubadour, Carmen, Barbier von Sevilla, Eugen Onegin. In späteren Jahren arbeitete sie auch als Regisseurin, heute gibt sie ihr Wissen und ihre Erfahrung als Gesangspädagogin weiter.

During her 40 years on stage she had all the dream roles of a mezzo-soprano: in Aida, Troubadour, Carmen, Barber of Seville, and Eugene Onegin. In later years she worked as a director and today she passes on her experience as a voice educator.

TEXT S. 277

7
SURAB
MIKAWA

MARKTSTANDBESITZER/MARKET STALL OWNER
* 1954

In der späten Sowjetunion konnte er als selbst-
ständiger Bauingenieur in Sochumi, der Hauptstadt Abchasiens, sehr gut leben. 1992 begann der
Krieg um die Unabhängigkeit Abchasiens. Als ethnischer Georgier musste er mit seiner Frau und
den drei kleinen Kindern fliehen und verlor alles.
Inzwischen hat er sich im neuen Leben ganz gut
eingerichtet. Aber „wie jeder Abchasier" träumt er
jede Nacht davon, in sein Haus zurückkehren zu
können.

During the late Soviet Union he was able to
make a very good living as a self-employed civil
engineer in Sukhumi, the capital of Abkhazia.
In 1992 the war began for the independence of
Abkhazia. As an ethnic Georgian he was forced
to flee with his wife and small children and lost
everything. In the meantime he has established a
very decent new life for himself. But "like every
Abkhazian", he dreams every night of being able
to return to his home.

TEXT S. 278

8
ELSA
BAGDASARIAN

MANIKÜRE/MANICURIST
* 1936

In der Sowjetzeit arbeitete sie schon viele Jahre in einem großen Kosmetik- und Friseur-Salon. Nach einigen Verwerfungen, bedingt durch die wirtschaftlichen Turbulenzen nach dem Ende der Sowjetunion, konnte sie ihre Arbeit in einem kleinen Privatsalon fortsetzen. Obwohl auch ihr Mann Armenier war, ist ihre Erinnerung an die armenische Sprache und Kultur verblasst.

In the Soviet era she worked for many years in a large cosmetic and hairdresser salon. After the turmoil caused by the turbulent economic situation following the fall of the Soviet Union, she was able to resume working at a small private salon. Although her husband was also Armenian, her memory of the Armenian language and culture has faded.

TEXT S. 278

9
KETEWAN
ABASCHIDSE-MOUGET

NACHFAHRIN DES VORLETZTEN GEORGISCHEN
KÖNIGS, EREKLE II./
DESCENDENT OF THE SECOND LAST GEORGIAN
KING, EREKLE II
* 1957

Ketewan Mouget stammt von König Erekle II. (1720-1798) ab und wohnt im Haus der Familie – einem historischen Denkmal, in dem man allerdings, wie sie sagt, „einen Regenschirm braucht, weil es eine Ruine" ist. Sie ist eine verwitwete Mouget, ihr Mann war Franzose. Wie so vielen Georgiern fehlt es ihr am Nötigsten, zum Beispiel einer Brille oder Medikamenten. Ihre große Hoffnung ist Iwanischwili, der neu gewählte Regierungschef.

Ketevan Mouget is a descendant of King Erekle II (1720-1798) and lives in the family's house - despite being a historical site, as she says herself, one needs an umbrella for it is "in ruins". She is a widowed Mouget; her husband was French. Like so many other Georgians, she lacks the bare necessities, for instance spectacles or medication. Her biggest hope is Ivanishvili, the newly elected head of government.

17.10.

chère Keti

merci pou tou

je t'embrasse
Michel ♡♡

LA MAISON
DE KETEVAN

10
LEWAN
TSINTSADSE

GEIGENBAUER/VIOLINMAKER
* 1959

Seine Urgroßmutter war die erste Frau, die Geigenbauerin war. Sie stammte aus der georgischen Fürstenfamilie der Orbeliani und war Nachfahrin des vorletzten Königs Erekle II. Von ihr hat Lewan Tsintsadse schon als Kind viel über Geigenbau gelernt. Von da an ließ ihn diese Kunst nicht los. Nach Ausbildung und Lehrtätigkeit am Konservatorium wusste er: Sein Ziel war das italienische Cremona, die Heimat des Geigenbaus. Dort konnte er acht Jahre lang das Handwerk erlernen und Berufserfahrung sammeln. Georgien ist jedoch ein kleiner Markt, seine Hauptabnehmer sind in Japan.

His great grandmother was the first woman to be a violinmaker. She was a descendent of the Georgian royal family Orbeliani and a direct relation of the second last king, Erekle II. As a child Levan Tsintsadze had learned a great deal about violinmaking from her. This art has preyed on his mind ever since. After his education and teaching position at the conservatory, he knew his aim: Cremona, Italy, the home of violinmaking. For eight years he was able to study the craft and gain professional experience. Georgia, however, is a much smaller market, and his main customers are in Japan.

11
ELENE
CHUDOIAN

**VORSITZENDE DES JESIDISCHEN JUGENDVERBANDS/
CHAIRPERSON OF THE UNION OF KURDISH YOUTH OF GEORGIA
* 1982**

Elene leitet den Jugendverband der Jesiden. Sie zählen sich zu den Kurden und sprechen auch Kurdisch, ihre Religion ist jedoch vorislamisch mit vielen Elementen altiranischer Kultur. Beide Elternteile müssen Jesiden sein, denn eine Mischehe bedeutet den Austritt aus der Religionsgemeinschaft. Der Jugendverband setzt sich für die kulturelle Identität der Jugendlichen und den Austausch mit anderen religiösen und ethnischen Minderheiten in der Region ein.

Elene heads the youth league of the Yezidi. They consider themselves Kurdish and also speak Kurdish, yet their religion is pre-Islamic with many elements of ancient Iranian. Both parents must be Yezidis and a mixed marriage means expulsion from the religious community. The youth league champions the cultural identity of the adolescents and supports exchange with other religions and ethnic minorities in the region.

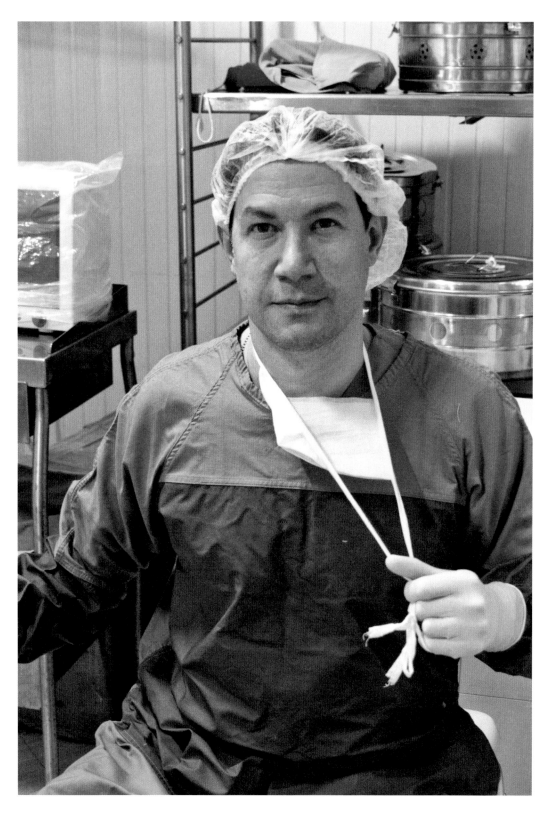

12
Dr. GEORGE
TSCHITSCHUA

LEITER DER «CHICHUA EYE CLINIC MZERA»/
DIRECTOR OF THE «CHICHUA EYE CLINIC MZERA»
* 1971

Seine Eltern und Großeltern waren bereits Ärzte, und so studierte auch George Tschitschua Medizin, zuerst in Moskau, später in Freiburg. Hier knüpfte er Kontakte zum Christoffel-Blindenwerk und konnte mit dessen Hilfe in der schwierigen Zeit um das Jahr 2000 seine Augenklinik aufbauen. Heute steht die Klinik auf eigenen Beinen und kann ihrerseits in der georgischen Provinz Hilfe leisten.

His parents and grandparents had been doctors and so George Chichua also studied medicine, first in Moscow, later in Freiburg. Here he met Christoffel-Blindenwerk, with whose help he was able establish his eye clinic in the difficult times around the year 2000. Today the clinic is self-sufficient and can in turn provide aid to rural Georgia.

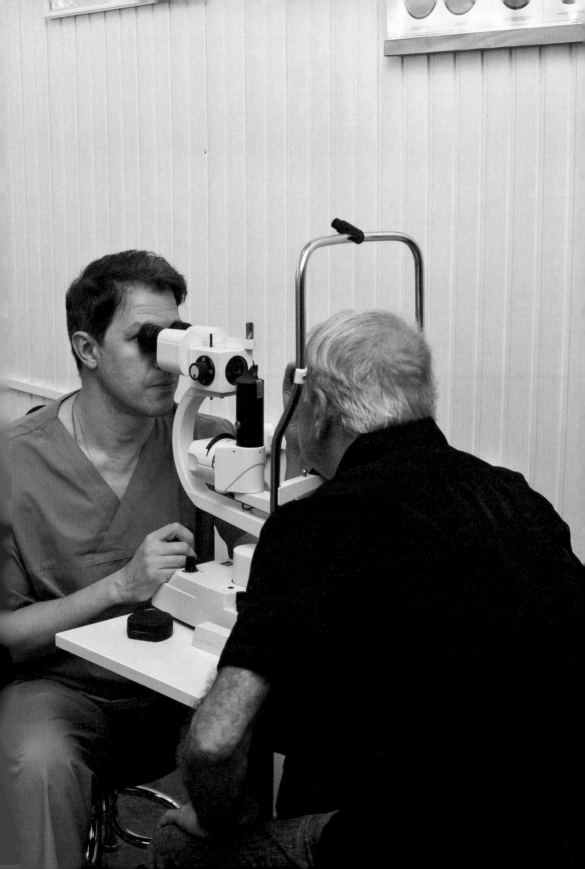

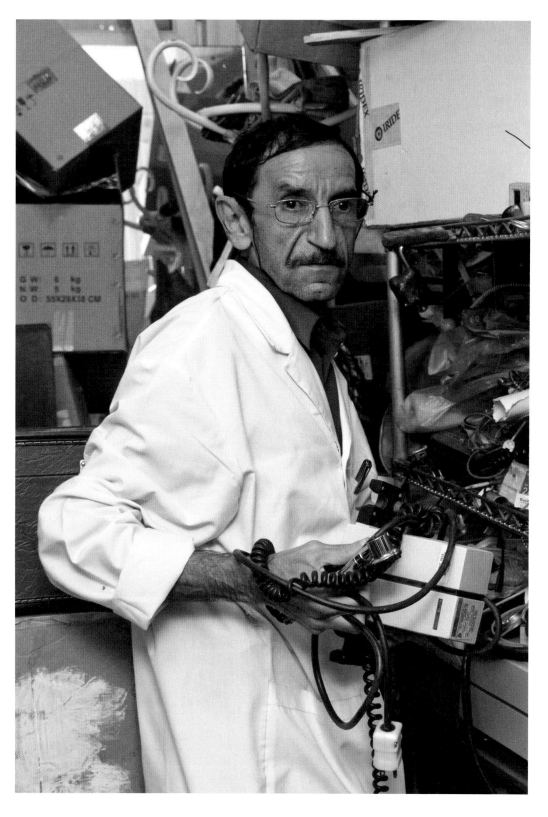

13
SIMON
DASCHTU

HAUSTECHNIKER UND MANN FÜR ALLES
IN DER AUGENKLINIK/
IN-HOUSE TECHNICIAN, HANDYMAN
AT THE EYE CLINIC
* 1949

Simon Daschtu ist assyrischer Christ, eine Minderheit in Georgien mit eigener Sprache. Früher war er Schauspieler, Beleuchter und Kameramann beim Film, heute arbeitet er als vielseitiger Alleskönner in der Augenklinik – alle kennen ihn und respektieren ihn, denn er kann alles, wirklich alles, reparieren und wieder in Ordnung bringen.

Simon Dashtu is an Assyrian Christian, a minority group in Georgia with their own language. He used to be an actor, lighting technician and cameraman in the film business. Today he works as a versatile all-rounder at the eye clinic – everyone knows and respects him, for he can repair and fix up everything, absolutely everything.

 TEXT S. 284

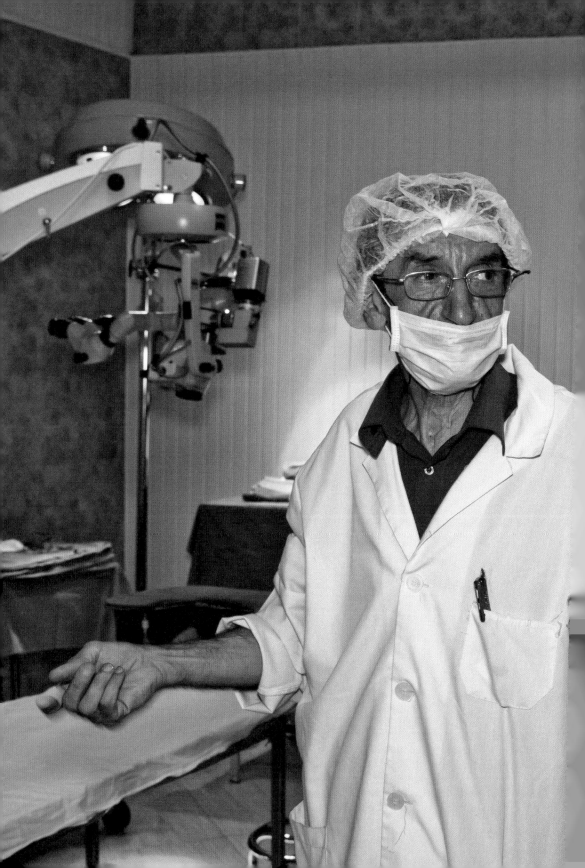

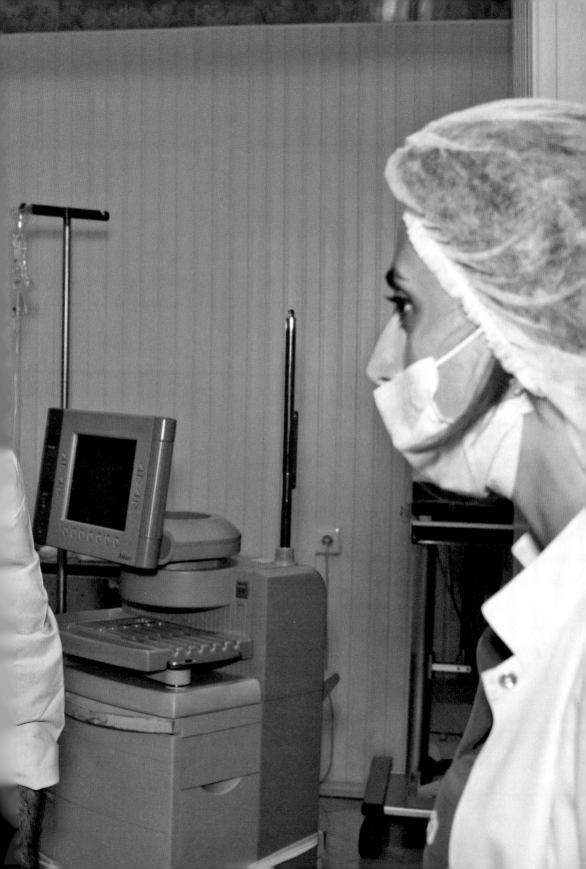

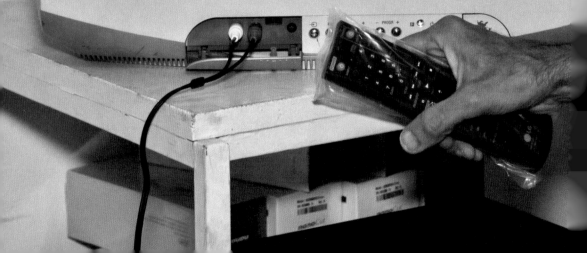

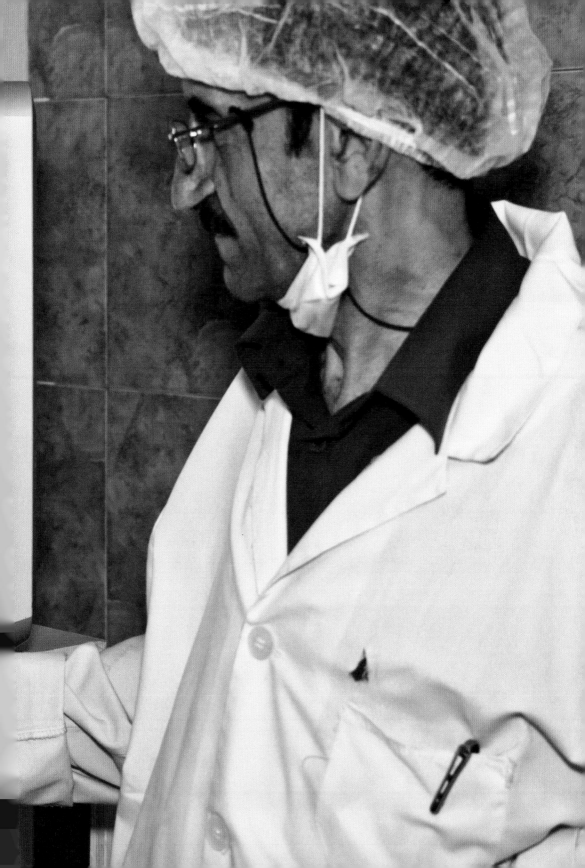

14
BAIA
PUTURIDSE

LEHRERIN/TEACHER
* 1926

Bis sie 79 Jahre alt war, unterrichtete Baia Puturidse noch Georgisch und Literatur am Ersten Klassischen Gymnasium in Tbilissi, einer Schule von höchstem Renommé. Bis heute wird sie von ihren ehemaligen Schülern verehrt. Am Systemwechsel bedauert sie vor allem, dass in seiner Folge Literatur, Theater und Bildung schlechthin an Wertschätzung verloren haben.

Up until the age of 79, Baia Puturidze still taught Georgian and literature at the "First Gymnasium", a secondary school of great renown. To this day Baia Puturidze is esteemed by generations of her former pupils. With the system changes that took place, she most deplores the fact that the appreciation for literature, theatre and a comprehensive education as such has waned to the extent it has.

15
DATO SURABISCHWILI & CHATUNA KOPALEISCHWILI

POLITIKER/POLITICIAN
* 1957
DEUTSCHLEHRERIN/GERMAN TEACHER
* 1958

Dato Surabischwili war stellvertretender Bildungsminister zu Beginn der Regierung Iwanischwili. Es war ein weiter Weg dorthin von den Anfängen des Freiheitsinstituts, einer NGO für Bürgerrechte, deren Mitbegründer er 1996 war. Anfangs Unterstützer der Rosenrevolution, wendeten er und andere Bürgerrechtler sich bald ab und gründeten die Republikanische Partei, die heute Teil der Iwanischwili-Regierung ist. Seine Frau Chatuna Kopaleischwili lernte Deutsch bei ihrer deutschstämmigen Kinderfrau – einer *Tante* – studierte Germanistik und wurde Deutschlehrerin am Gymnasium.

Dato Zurabishvili was Deputy Education Minister at the beginning of the Ivanishvili government. It was a long journey from the beginnings of the Liberty Institute, an NGO for civil rights, of which he was co-founder in 1996. Initially a supporter of the Rose Revolution, he and other civil rights activists soon turned their backs on it and established the Republican Party, which today comprises part of the Ivanishvili government. His wife, Khatuna Kopaleishvili, had a German governess – a so-called *Tante* – in her childhood and keeping abreast of the German language and literature, she became a secondary school German teacher.

16
GAGA
NACHUTSRISCHWILI

DICHTER/POET
* 1971

Er gehört jener Generation der heute 40-Jährigen an, die im Abchasien-Krieg viele Freunde verloren hat und in der schwierigsten Zeit ins Berufsleben eintrat. Trotzdem fand Gaga Nachutsrischwili seinen Weg in einem Bereich, in dem viele unter günstigeren Umständen aufgeben: dem Schreiben und der Dichtkunst.

He belongs to the generation of the now forty-year-olds who have lost many friends in the Abkhazian war and became of working age in the difficult times of the 1990s. Despite this, Nakhutsrishvili found his path in an occupation that many even in more favourable circumstances give up: writing and the art of poetry.

FRIEDHOF WAKE/VAKE CEMETARY

17
«DIE JEANS-GENERATION»
DATO TURASCHWILI

«Möglicherweise gab es noch andere Gründe, aber es ist eine Tatsache, dass die eigene Gruft der einzige Besitz war, den das sowjetische Regime dem Volk gönnte, und damit begann der Niedergang des sowjetischen Georgiers. Der gute Geschmack des Georgiers musste in der Sowjetzeit geradezu verfallen, da der einzige Besitz, über den er noch verfügte, das Grab war, und so fing er an, Grabmäler zu schaffen, wie er sie nie zuvor besessen hatte. War das georgische Grab zuvor immer genial einfach gestaltet gewesen, so hatte sich im sowjetischen Georgien das Verhältnis zum Grab, ja zum Tod im allgemeinen, vollständig gewandelt, und auf den sowjetischen Gräbern sah man fortan marmorne Stühle und

Aus dem Georgischen von Anastasia Kamarauli

Tische, ja sogar Motorräder und Autos. Diese Autos waren zu Lebzeiten ihres Besitzers zwar auf andere Namen zugelassen gewesen, aber der sowjetische Georgier wusste doch mit Gewissheit, dass die Gruft sein Eigentum war und dass sie ihm, im Unterschied zu anderen Besitztümern, niemand mehr nehmen konnte. Deshalb sorgte er für sie, verschönerte sie wie er nur konnte und pflegte und hegte mit ihr den einzigen Besitz, den er sein eigen nannte. Und die sowjetische Regierung, die es niemandem zugestand, Haus oder Hof mit einer Mauer zu versehen, nahm keine Notiz davon, wenn man auf seiner Gruft einen Palast baute, denn im eigenen Grab war man frei und das Grab war der einzige Ort in Sowjetgeorgien, auf den sich die Sowjetmacht nicht erstreckte. (...)»

Verlag Klaus Wagenbach

Das Buch erscheint im September 2014

ГЕНЕРАЛ МАЙОР АВИАЦИИ
ОСТРЕЙКО
Николай Ефремович
1907—1957 г.
ОТ ЖЕНЫ И ДЕТЕЙ

18
MAKA
ALIOGLU

PROJEKTLEITERIN BEIM DEUTSCHEN
VOLKSHOCHSCHUL-VERBAND INTERNATIONAL/
PROJECT MANAGER WITH THE GERMAN
ASSOCIATION OF ADULT EDUCATION CENTRES
(DVV INTERNATIONAL)
* 1985

Maka gehört der aserbaidschanischen Minderheit an und ist Muslimin. Sie wurde vor allem von ihrem Vater sehr in ihrem Streben nach einer guten Ausbildung unterstützt: Schon als junges Mädchen durfte sie als Austauschstudentin für ein Jahr in die USA gehen und wenig später ein Praktikum bei der UNO in New York machen. Maka Alioglu ist bestrebt anderen jungen Frauen aserbaidschanischer Herkunft ein Vorbild an Weltoffenheit und Erfolg im Beruf zu sein. Und sie möchte ihnen zeigen, wie wichtig Bildung dafür ist.

Maka belongs to the Georgian Azerbaijani minority and is Muslim. It was primarily her father who encouraged her in her pursuit of a good education. She was allowed to go on a one-year foreign exchange programme to the USA as a young girl and shortly thereafter completed an internship at the UNO in New York City. She strives to be a role model in terms of education, open-mindedness and a successful career for other young women of Azerbaijani heritage.

19
EKA
LESCHAWA

FRANZÖSISCHLEHRERIN, ÜBERSETZERIN/
FRENCH TEACHER, TRANSLATOR
* 1971

Eka Leschawa liebt die französische Sprache, Literatur und alles, was französisch ist. Die Möbel der Familie stammen – wie in so vielen Wohnungen – aus dem Beutegut, das bei Kriegsende waggonweise aus Deutschland abtransportiert wurde. Die schweren, dunklen Möbel aus der Gründerzeit werden hier hoch geschätzt. Ob sie bei uns so lange überlebt hätten?

Eka Lejava loves the French language and literature, as well as everything that is French. Her family's furniture originates – like in so many homes – from the loot that was transported from Germany by the wagonload at the end of the war. The heavy, dark furniture from the Gründerzeit (at the end of the 19th century) is highly esteemed here. But would it have survived so long here in Germany?

1587.

20
TSITSO
GOGOLADSE

SCHNEIDERIN/SEAMSTRESS
* 1957

Tsitso Gogoladse begrüßt mich auf Deutsch – das hat sie in ihrem Dorf in Kachetien in der Schule gelernt – und verbessert, als sie in den 1990er Jahren für eine deutsche Firma in einer Textilfabrik in Tbilissi arbeitete. Nach zwölf Jahren dort begann sie zu Hause für ihre eigenen Kunden zu schneidern. An Aufträgen fehlt es nie.

Tsitso Gogoladze greets me in German – she learned it at school in her village in Kakheti. She was able to improve it further while working for a German employer at a textile factory in Tbilisi in the 1990s. After twelve years there, she began sewing for her own clients at home. She is never short of orders.

21
KOKA
RAMISCHWILI

BILDENDER KÜNSTLER/VISUAL ARTIST
* 1956

Bei seinen Besuchen in Estland, der Heimat seiner Mutter, kam Koka Ramischwili schon als Kind und junger Mensch in den Sechzigerjahren Jahren in Kontakt mit Finnen und Schweden. Was ihn am Westen damals schon reizte, war die offene und kritische Auseinandersetzung. Entscheidend war jedoch die Freundschaft mit dem Aktionskünstler Flatz, durch den er viele Jahre später nach München kam. Koka wurde sehr erfolgreich, lebt mit seiner georgischen Frau in Genf und arbeitet dennoch meist in Tbilissi, weil er dort verwurzelt ist – ein Spagat zwischen den Kulturen.

While visiting Estonia, his mother's homeland, Koka Ramishvili had already met Finns and Swedes as a child and adolescent in the 60s. What attracted him so much to the West back then was the open and critical debate. Decisive for him coming to Munich so many years later, however, was his friendship with the performance artist Flatz. Koka became very successful, living with his Georgian wife in Geneva, yet working most often in Tiflis because of his roots there – a balancing act between cultures.

TEXT S. 291

22
TSISSA
TSCHOLOKASCHWILI

BALLETTTÄNZERIN, REGIEASSISTENTIN/
BALLERINA, ASSISTANT DIRECTOR
* 1975

Die Balletttänzerin Tsissa Tscholokaschwili tritt immer noch auf der Bühne auf, seit kurzem jedoch arbeitet sie auch hinter der Bühne: Sie ist Regieassistentin und trainiert junge Talente.

The ballerina Tsisa Cholokashvili still makes appearances on stage, but recently she has also been working backstage: she is Assistant Director and trains young talents.

TEXT S. 292

23
MARINE
SOLOMONISCHWILI

REPRÄSENTANTIN NATIONALER
UND INTERNATIONALER NGO-PROJEKTE/
REPRESENTATIVE OF NATIONAL AND INTERNATIONAL
NGO PROJECTS

Gerade als Marine Solomonischwili am 9. April 1989 in Moskau den letzten Teil ihrer Promotion in Architektur ablegen sollte, schlugen sowjetische Fallschirmjäger eine gewaltfreie Demonstration in Tbilissi mit Giftgas nieder, was weitreichende politische Konsequenzen hatte. Für sie bedeutete es, dass sie ihr Studium nicht abschließen konnte und ihr Leben in anderen Bahnen verlief: Sie engagiert sich auf nationaler und internationaler Ebene vor allem für Frauen, nicht nur in ihrer eigenen, der jüdischen Gemeinde. Darüber hinaus arbeitet sie für das Verständnis zwischen ethnischen und religiösen Gruppen.

Just when Marine Solomonishvili should have been completing the last part of her doctorate in Architecture in Moscow, the Soviet paratroopers crushed a peaceful demonstration in Tiflis with poison gas on 9 April, 1989, which had far-reaching consequences. Marine Solomonishvili was not able to finish her studies and her life took another path: she dedicates herself to aid projects on a national and international scale, particularly for minority women, and not only from her own Jewish community. Moreover, she works for more understanding between ethnic groups and religions.

TEXT S. 293

Art Marine
Solomonishvili

24
MERAB BERDSENISCHWILI & GIORGI TSCHETSCHELASCHWILI

BILDHAUER/SCULPTOR
* 1929
PHYSIKER/PHYSICIST
* 1952

Merab Berdsenischwili ist ein berühmter Bildhauer, dessen monumentale Denkmäler nicht nur an vielen Orten in Georgien, sondern auch in anderen Regionen der ehemaligen Sowjetunion zu finden sind. Sein Stiefsohn, der Physiker Giorgi Tschetschelaschwili, betreut sein Werk.

Merab Berdzenishvili is a famous sculptor whose colossal monuments can not only be found at many locations across Georgia, but also in many other regions of the former Soviet Union. His stepson, the physicist Giorgi Chechelashvili, manages his works.

TEXT S. 295

25
IA
ELISASCHWILI

BRATSCHISTIN/VIOLA PLAYER
* 1964

Ia studierte am Konservatorium Bratsche und hat eine feste Anstellung an der Oper. Allerdings wird die Oper seit einigen Jahren renoviert. Da es kein Ausweichquartier gibt, müssen die Musiker sich selbst um Auftritte bemühen, um ihr minimales Grundgehalt aufzubessern. Ia Elisaschwili hat ihr eigenes Quintett gegründet. Ihre Stücke studieren sie zu Hause ein.

Ia studied viola at the conservatory and has a permanent contract with the opera. However, the opera has been undergoing renovations over the past several years and there is no replacement venue, making it necessary for the musicians to search for their own performance opportunities and to rehearse their pieces at home. Ia Elisashvili has established her own quintet.

TEXT S. 296

26
MANANA
MACHARADSE

RADIOJOURNALISTIN/BROADCAST JOURNALIST
* 1949

Seit über 30 Jahren arbeitet sie beim Fernsehen: zuerst als Regieassistentin, schließlich als Autorin und Regisseurin von Kultur- und Wissenschaftssendungen im Hörfunk. Zur Sowjetzeit wurden viele rein georgische Sendungen von hoher Qualität gemacht, inzwischen werden fast alle Formate vom Ausland importiert. Heute macht sie eine medizinische Ratgebersendung für Eltern im Rundfunk. Den Sendeplatz finanziert das staatliche Fensehen, ihr Gehalt wurde einige Jahre von Hipp übernommen, jetzt von Humana.

For over 30 years she has worked in television: first as assistant director, finally as author and director of culture and science programmes for the radio. During the Soviet era many purely Georgian programmes of the highest quality were produced. In the meantime, almost all formats are imported from abroad. Today she has a radio programme with medical advice for parents. The slot is financed by state television and her salary, sponsored by Hipp for several years, is now paid for by Humana.

TEXT S. 297

27
VENRA ARBOLISCHWILI & MADONA OQROPIRIDSE

KURSLEITERIN/COURSE INSTRUCTOR
* 1936
BÜROLEITERIN/OFFICE MANAGER
* 1957

Vor den Toren der Stadt liegt das Flüchtlingslager Koda. Hier leben Binnenflüchtlinge aus Südossetien, das seit dem Krieg vom August 2008 von Russland besetzt ist. Der Deutsche Volkshochschul-Verband International bietet hier berufliche Fortbildung an, wie Englisch oder handwerkliche Grundkenntnisse für Schneider, Friseur, Schreiner. Zwei Frauen aus Südossetien berichten.

Near the gates of the city is the Koda camp. This is where internally displaced persons (IDPs) from South Ossetia have lived since the 2008 war, when their region was occupied by Russia. The international arm of the German Association of Adult Education Centres offers vocational studies here, like English or craftsmanship essentials for tailors, hairdressers or carpenters. Two women from South Ossetia report.

TEXT S. 298

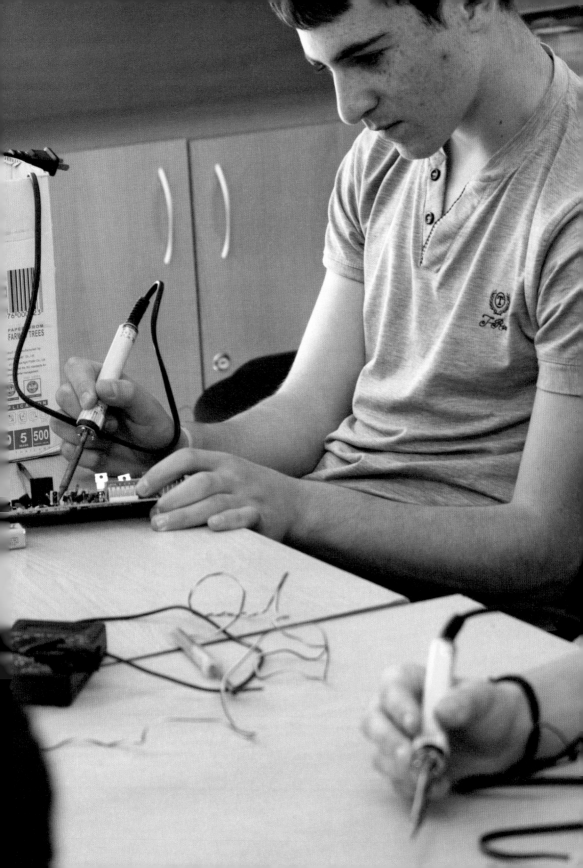

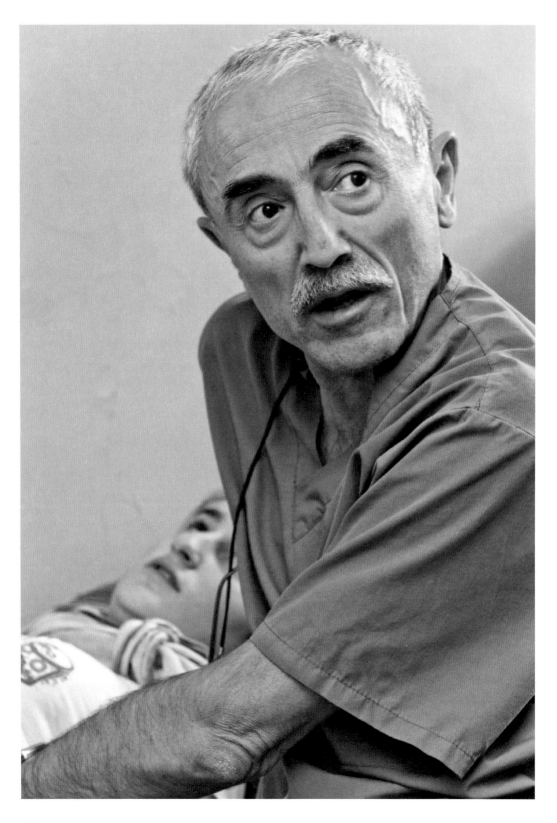

28
Dr. DAWIT
MACHATADSE

GASTROENTEROLOGE/GASTROENTEROLOGIST
* 1954

Dr. Machatadse hat sein ganzes Berufsleben am M. Iashvili Children's Central Hospital verbracht. Die Zeit nach dem Ende der Sowjetunion war schwer: Kein Strom, keine Heizung, auch keine Medikamente. Aber man hat immer durchgehalten und allmählich wurden die Bedingungen besser. Immer mehr Patienten sind versichert, dennoch waren es 2011 erst etwa 30 Prozent.

Dr. Makhatadze has spent his entire professional career at the M. Iashvili Children's Central Hospital. The period after the end of the Soviet Union was difficult: no electricity, no heating, not even medicine. But they always kept on working and gradually the conditions improved. More and more patients have health insurance and yet in 2011 it was only circa 30 percent.

TEXT S. 299

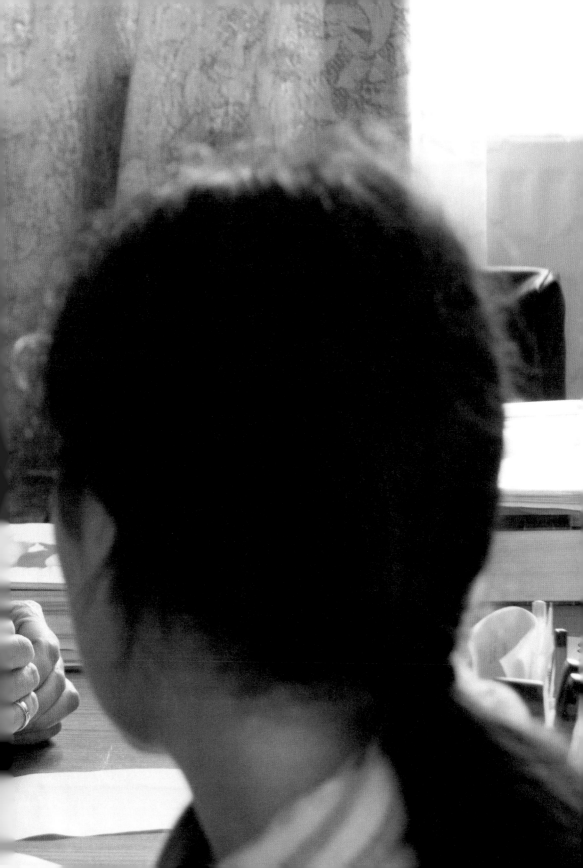

29
MARINA
BAIDASCHWILI

KINDERFRAU/NANNY
* 1956

Zur Sowjetzeit war sie Ingenieurin bei der Feuerwehr, ebenso wie ihr Mann, der dort in leitender Position arbeitete. Als in der Bürgerkriegszeit das Parlament angegriffen wurde, kam er im Einsatz durch eine verirrte Kugel ums Leben. Sie blieb mit zwei kleinen Kindern zurück. Marina fand später keinen Anschluss mehr in ihrem Beruf und wurde Kinderfrau, was sie heute sehr glücklich macht.

During the Soviet era she was an engineer with the fire brigade, like her husband, who had a supervising position. When the parliament was attacked during the civil war period, he was killed on duty by a stray bullet. Marina Baidashvili was left with two small children. Later, after years of hardship, she found it difficult to take up her previous profession and became a nanny, a job that makes her very happy today.

TEXT S. 300

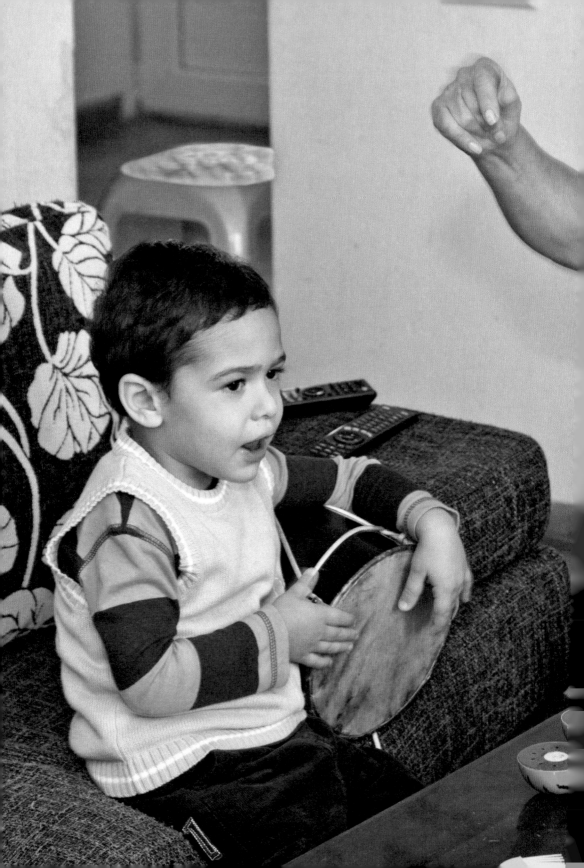

30
TINA
GELADSE

LABORANTIN IM RUHESTAND/
RETIRED LAB TECHNICIAN
* 1947

Tina Geladse arbeitete über Jahrzehnte als Laborantin – auch als die letzten neun Jahre keine Gehälter ausbezahlt wurden. Das Krankenhaus war für sie ein Zuhause, warum sollte sie daheim sitzen und nichts tun? Und vielleicht kommt ja nächsten Monat das Geld? Inzwischen ist sie im Ruhestand und erhält eine kleine Rente. Sie und ihr Mann sind seit ihrem 14. Lebensjahr verheiratet.

Tina Geladze worked for decades as a lab technician – even when, during the last nine years, no salaries were being paid. The hospital was like a home for her, so why should she sit at home and do nothing? And maybe the money was coming next month after all? In the meantime she is retired and receives a small pension. She and her husband have been married since they were 14 years old.

31
MANANA
TSCHCHAIDSE

MATHEMATIKERIN UND METALLURGIN IM RUHESTAND/
RETIRED MATHEMATICIAN AND METALLURGIST
* 1939

Nach ihrem Mathematikstudium an der Fakultät für Mathematik und Physik der Staatlichen Universität Tbilissi arbeitete sie viele Jahre am Metallurgischen Forschungsinstitut, wo man zu jener Zeit sogar am Bau von Raumschiffen mitwirkte. Die Unabhängigkeit Georgiens bedeutete jedoch den Niedergang der georgischen Forschung auf diesem Gebiet. Wie für so viele Georgier spielt die Religion für sie eine sehr wichtige Rolle in ihrem Leben – und das nicht erst seit dem Fall der Sowjetunion.

After her studies in mathematics at the physics and mathematics faculty, she worked at the metallurgy research institute for many years, where at that time they even contributed to the construction of spaceships. However, Georgia's independence meant the demise of Georgian research in this field. As for so many Georgians, religion plays a large role in her life – and not only since the fall of the Soviet Union.

32
KACHA
GWELESIANI

AUFSICHTSRATSVORSITZENDER DER EXPOGEORGIA/
EXPOGEORGIA CHAIRMAN OF THE SUPERVISORY BOARD
* 1952

Als Kacha Gwelesiani 1994 die Leitung der ExpoGeorgia übernahm, war sie in einem erbärmlichen Zustand: Die Hallen standen zwar noch, aber das ganze Gelände war nach Jahren des Kriegs und des Chaos nur noch ein einziger Müllhaufen. Heute ist die Expo nicht nur wichtig für Georgiens Export und Import, sondern dank ihres wunderbar neu angelegten Parks auch ein Genuss für den Besucher.

When Kakha Gvelesiani took over the direction of ExpoGeorgia in 1994, it was in a deplorable state: the halls were still standing, but after years of war and chaos, the entire grounds were simply a rubbish heap. Today the rejuvenated ExpoGeorgia is not only important for Georgia's export and import trade, but thanks to its wonderfully landscaped parks, it is a pleasure for the visitors as well.

33
CHATUNA
TSCHUMBURIDSE

FECHTERIN/FENCER
* 1973

Chatuna Tschumburidse hatte in sowjetischer Zeit beste Chancen, bei den nächsten olympischen Spielen mitzumachen. Mit dem Fall der Sowjetunion – sie war damals 17 – war dieser Traum ausgeträumt. Georgien hatte keine eigene internationale Mannschaft. Sie studierte Wirtschaft und arbeitete lange Jahre in der Bank. Seit kurzem trainiert sie die jungen georgischen Fecht-Talente und dies mit großem Erfolg.

In the Soviet era Khatuna Chumburidze had the best chances to be a competitor in the next Olympic Games. With the fall of the Soviet Union – she was 17 at the time – her dream was crushed: independent Georgia did not have its own international team. She studied economics and worked at a bank for many years. Recently she has returned to her passion, fencing, and is training talented young Georgian fencers – with great success.

TEXT S. 304

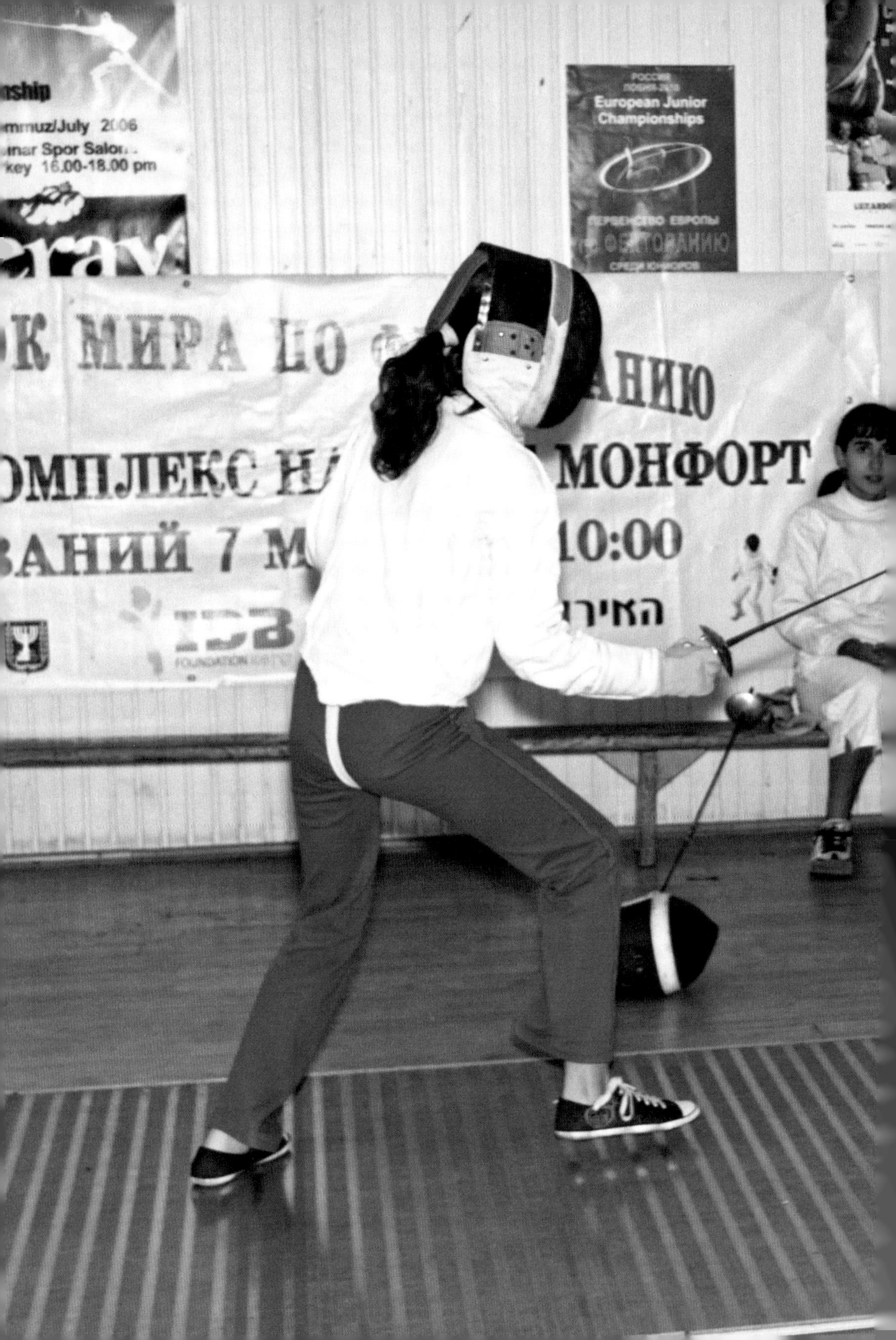
European Junior
Championships
МОНФОРТ
10:00

34
GIORGI
TSCHAWLEISCHWILI

SCHULLEITER/SCHOOL PRINCIPLE
* 1985

Als 16-Jähriger strebt Giorgi eine Karriere als Basketballer an. Er wird von amerikanischen Scouts entdeckt und bekommt ein Sport-Stipendium für die USA. Bald erkennt er: Wichtiger als Basketball ist Bildung – er kehrt zurück nach Georgien und gründet mit 25 Jahren ein Studienzentrum und eine Schule.

As a 16-year-old Giorgi Chavleishvili pursued a career as a basketball player. He was discovered by American scouts and was offered an athlete's scholarship for the USA for several years. He soon realised that education was more important than basketball – he returned to Georgia and founded an education centre and school at the age of 25.

08.30 – 08.45

1   08.45 – 09.30
2   09.35 – 10.20
3   10.30 – 11.15
4   11.20 – 12.05

Break 12.05 – 12.35

5   12.35 – 13.20
6   13.25 – 14.10
7   14.15 – 15.00
8   15.05 – 15.50

TEXTE

Ketato ist 15, als sie sich in den 32-jährigen Schriftsteller und Musiker Irakli Charkviani verliebt und ihn später heiratet – eine Beziehung, die ihr Leben über seinen Tod hinaus prägen sollte. Doch auch Ketato hat eine künstlerische Ader: Mit 19 beendet sie die Choreographische Schule und wird Balletttänzerin. Im Jahr 2000 allerdings bricht sie diese Laufbahn ab und beginnt mit ihrem Mann Musik zu machen – eine sehr fruchtbare Zusammenarbeit bis zu seinem Tod im Jahr 2006. Irakli Charkviani, ursprünglich Prosaschriftsteller und Lyriker, war in den frühen Neunzigerjahren der Erste, der anspruchsvolle moderne georgische Musik machte – der bewies, dass Liedtexte auf Georgisch nicht banal sein müssen.

Seinen Durchbruch schaffte er 1993 mit *Svan,* ein mit deutscher Unterstützung in Köln produziertes Album. Bis heute ist er unter seinem Pseudonym *Mefe – Der König* als Ikone der modernen Musikszene der Neunzigerjahre anerkannt. 2013 erhielt er posthum den renommierten Rustaweli-Preis, der ihn für seinen großen Einfluss auf die Entwicklung der modernen georgischen Kultur auszeichnete.

Er und seine Freunde – Künstler und Intellektuelle – bildeten damals eine Gruppe, die sich *Reaktivuli Clubi* (Reaktiver Klub) nannte. Als Reaktion auf die zurückliegende Zeit wollten sie für die freie georgische Sprache eintreten. Das Manifest dieses Klubs war das Gedicht *TIME - 1,* das Irakli zu seiner Gründung geschrieben hat. Darin heißt es: „Dies ist das Ende des romantischen Wegs, sich reimender Worte, von Schönfärberei-en, von mit Weinlaub bekränzten Mädchen. ... Eine Zeit der echten Farben, eine Zeit, die Dinge beim Namen zu nennen, eine unbarmherzige Zeit, Schrecken erregend – wie jede andere wirkliche Zeit."

Die Reaktiven waren weder Kommunisten noch Kapitalisten. Sie waren ein Klub der Freien. Dieser Geist einte sie trotz ideologischer Unterschiede.

Ketato nennt sich selbst ein „Kind der Umbruchzeit": „Für die Erwachsenen war es eine sehr schwere Zeit. Ich war ja noch ein Kind, da habe ich das nicht so stark empfunden. Wenn da-mals nicht die Unabhängigkeit gekommen wäre, hätte die Jugend weiterhin für die Öffnung des Landes und die Freiheit protestiert. So wie es die sieben jungen Leute – Ärzte, Künstler, Schauspieler – getan hatten, als sie 1983 ein Flugzeug entführten, weil sie davon träumten, in einem freien Land zu leben. Fast alle von ihnen waren Freunde von Irakli."

Und die meisten von ihnen wurden hingerichtet. Ein Vorfall, der das Land tief aufgewühlt hat und in Dato Turaschwilis *Die Jeans-Generation* in literarischer Form verarbeitet wird.

Sie war 28, als Irakli starb, ihre Tochter war damals drei Jahre alt. Heute geht Ketato ihren eigenen Weg: Sie macht Musik, komponiert und tritt auf. Darüber hinaus engagiert sie sich für das Urheberrecht: „In einem kleinen Land, wo jeder jeden kennt, ist das sehr schwierig durchzusetzen. Da gehen ganz leicht Freundschaften und gute Geschäftsbeziehungen in die Brüche – ein ‚Freund' erwartet schließlich, alles umsonst zu bekommen. Da muss in der Öffentlichkeit erst ein ganz neues Bewusstsein geschaffen werden."

Die Arbeit ihres Mannes inhaltlich und künstlerisch weiterführen kann Ketato nicht, das könnte nur er selbst. Aber sie setzt sich dafür ein, dass das Werk und die Ideen, die er hinterlassen hat, weiterleben.

In der Nähe von Tbilissi lebten früher Deutsche in Dörfern, die ganz im deutschen Stil gebaut waren. Ihre Vorfahren waren aus religiösen Gründen gekommen und hatten sich im 18. Jahrhundert niedergelassen. Viele ihrer Nachkommen lebten in Tbilissi und waren Gouvernanten – man nannte sie *Tantes.* „Auch in unseren Familien war es üblich, als Kind von einer *Tante* betreut zu werden. Daher kommt es, dass so viele Leute hier Deutsch sprechen. Die Georgier haben auch nicht vergessen, dass uns deutsches Militär half, 1918 unsere Unabhängigkeit zu erlangen. Drei Jahre später allerdings marschierten dann die Russen ein und blieben fast siebzig Jahre lang."

Nach dem 2. Weltkrieg wurden viele deutsche Kriegsgefange in Georgien in Lagern interniert. „Es erging ihnen schrecklich, in der ganzen Sowjetunion starben 50 oder vielleicht sogar 70 Prozent von ihnen in solchen Lagern. In Georgien ist aber das Klima mild, so dass die Gefangenen eher überleben konnten. Sie mussten damals in Tbilissi viele Häuser bauen. Im Stadtteil Wake, in der Nähe der Universität, gibt es ganze Wohnblocks, die sie errichtet haben. Eine meiner Mitarbeiterinnen erzählte mir, dass sie als Schulmädchen jeden Tag an einem Gefangenenlager vorbeiging. Die Kinder teilten mit den Männern ihr Pausenbrot und bekamen von ihnen selbst gemachte Puppen geschenkt. Dass wir im Krieg Feinde waren, hatten die Georgier schnell vergessen. Nach dem Krieg zeigten uns die Deutschen – das waren dann die Ostdeutschen – wie wir die Gesellschaft und die Wirtschaft wieder von Null aufbauen konnten."

Es gibt aus dieser Zeit aber noch eine andere Geschichte, die der *trofei*, der Kriegsbeute. „In vielen Häusern hier in Tbilissi, auch in unserer Wohnung, stehen sehr schöne alte Möbel, die bei Kriegsende von russischen Soldaten in Deutschland beschlagnahmt und waggonweise in alle Republiken der Sowjetunion gebracht wurden. Die Generation unserer Eltern konnte sie günstig kaufen. Bis heute werden sie hoch geschätzt: wegen ihrer Schönheit, aber auch wegen ihrer Qualität."

Dawit Dschischiaschwili ist Physik-Professor an der Georgischen Technischen Universität in Tbilissi und stellt immer wieder fest, wie sehr das Bildungsniveau in den letzten Jahren nachgelassen hat. „Die Generation von Manana und mir, und auch noch unsere Tochter Keti, hatte eine wesentlich bessere Schulbildung, als es heute der Fall ist. Die Erstsemester haben heutzutage kaum noch naturwissenschaftliche Vorkenntnisse – sie sollten wenigstens wissen, dass ein Elektron negativ geladen ist. Aber das ist nicht mehr selbstverständlich. Manche von ihnen sind hervorragend, aber sie haben sich alles selbst beigebracht. Die Lehrer können das nicht mehr leisten, sie sind völlig unterbezahlt."

Dawit Dschischiaschwili versteht nicht, wieso die Regierung Geld in Prestige-Objekte investiert statt in Bildung: „Das Geld wäre da. Die Regierung Saakaschwili verschwendet Unsummen für Bauprojekte, ohne zu überlegen, ob sie sich rentieren. Vom Flughafen zum Bahnhof wurde eine Zugverbindung gebaut – das klingt gut. Aber fast alle Flüge in Tbilissi kommen zwischen Mitternacht und sechs Uhr früh an. Wenn man mit dem Zug am Bahnhof ankommt, muss man sowieso ein Taxi nach Hause nehmen. Deshalb fahren weiterhin alle Flugpassagiere mit dem Taxi in die Stadt.

Ein anderes Beispiel: der neue Flughafen von Kutaissi, etwa 180 km entfernt von Tbilissi. Man machte ihn uns damit schmackhaft, dass Flüge nach Europa von dort aus billiger sein würden. Aber ich muss erst mit dem Auto nach Kutaissi fahren, das lohnt sich für niemanden."

Dafür fehlt an weniger spektakulären Orten das Geld für vergleichsweise bescheidene Ausgaben, die aber die georgische Wirtschaft und Wissenschaft vorwärts brächten. „Es gibt in ganz Georgien kein einziges Elektronenrastermikroskop. Der Zoll bräuchte so etwas, um Exportgut zu analysieren: Um welches Metall handelt es sich? Ist es radioaktiv? Ganz zu schweigen von all den medizinischen, chemischen und pharmazeutischen Instituten, die ganz anders arbeiten könnten. Ich schlug unserem Rektor vor: Für 200.000 Euro könnte ich ein Zentrum aufbauen, wo alle interessierten Institutionen gemeinsam ein Elektronenrastermikroskop nutzen könnten. Das Gerät würde ich gebraucht im Ausland kaufen. Die Reaktion? Kein Interesse."

Wie so viele andere rechnen Dawit und Manana damit, dass sich mit der neuen Regierung die Situation verbessern wird. „Anfangs schien uns Saakaschwili sehr vielversprechend. Aber er hat sich als Lügner herausgestellt, als großer Lügner. Und nicht nur das. Der Gipfel war erreicht, als im Herbst 2012 Details über den Folterskandal in den Gefängnissen herauskamen. Was da passiert ist, ist unvorstellbar, es ist so grausam."

Nun ist Iwanischwili an der Regierung und er plant das Bildungswesen wieder stärker zu fördern. Im Moment liegt es darnieder. Zur Zeit der Sowjetunion war es hochentwickelt und Georgien galt als Land mit einem besonders hohen Bildungsgrad. Mit dem Ende der Sowjetunion gingen viele hochspezialisierte Wissenschaftler in den Westen, um dort an den moderneren Forschungsinstituten zu arbeiten – während in Georgien der Bürgerkrieg ausbrach. „Im Winter 1992 blieben plötzlich Strom- und Gaslieferungen aus. Georgien hatte kein Geld, um dafür zu bezahlen und die Korruption hatte gewaltige Ausmaße angenommen. Zu dieser Zeit verdienten wir etwa einen Dollar im Monat. Es war die Zeit der Hyperinflation, das Geld verlor stündlich seinen Wert. Wir haben hier einen Gemeinschaftshof. Dort machten die Leute Holzfeuer und kochten. Wir aßen Makkaroni ohne Öl oder Butter. Eltern gaben alles den Kindern. Wenn es einmal Fleisch gab, aßen wir selber nichts. Es gab keinen öffentlichen Verkehr und unsere Tochter Keti ging mit ihren Schulkameraden vier Kilometer zur Schule. Ich brauchte sogar eine ganze Stunde, um zu Fuß zur Arbeit zu gelangen. Dieser Zustand dauerte zum Glück nur einige Wochen, dann fuhr die Metro wieder."

Dann kam Schewardnadse an die Regierung, Georgien brachte seine eigene Währung heraus, den Lari. Die Wirtschaft kam langsam in Gang. „Wir verdienten etwa hundert Dollar im Monat. In dieser Zeit mussten wir Möbel und Porzellan verkaufen, um über die Runden zu kommen. In den folgenden Jahren erhielt ich einige Forschungsstipendien aus dem Ausland, so dass es uns wieder besser ging. Aber an diese Zeit denken wir heute nicht mehr. In den letzten Jahren ging es immerhin mit der Wirtschaft wieder aufwärts und jetzt kommt die demokratische Entwicklung dran."

3 KETI DSCHISCHIASCHWILI
38—43

Keti schreibt für Zeitschriften, übersetzt Literatur aus dem Spanischen und malt – nicht nur Bilder, im ähnlichen Stil bemalt sie auch Porzellan. Schon als Kind will sie Malerin werden und so entscheidet sie sich, Kunstgeschichte und Architekturtheorie zu studieren und macht dann später den Master an der Staatlichen Kunstakademie.

Anschließend arbeitet sie einige Zeit im Kulturministerium und drei Jahre in der *Eurasia Foundation* als Projektmanagerin. Damals beginnt sie Bücher ins Georgische zu übertragen, zum Beispiel eine Anthologie mit Texten von lateinamerikanischen Autoren wie Octavio Paz, Juan Carlos Onetti, Carlos Fuentes. Eine sehr verdienstvolle Arbeit, denn seitdem Russisch nicht mehr die allgemeine Verkehrssprache in Georgien ist, sind fremdsprachige Werke Lesern unter dreißig kaum mehr zugänglich.

Die Arbeit in einer Institution fiel ihr zunehmend schwer, es drängte sie, ihre eigenen Projekte zu verwirklichen. Inzwischen arbeitet sie frei als Autorin und Künstlerin. Sie lebt und arbeitet in Madrid und in Tbilissi.

Ihr Elternhaus steht im alten, zentralen Teil der Hauptstadt, in der Nähe des *Tawisuflebis Moedani*, dem Freiheitsplatz. Hier wohnt sie zusammen mit ihren Eltern und ihrem Bruder in ei-

ner großzügigen Altbauwohnung. Dass mehrere Generationen unter einem Dach wohnen, ist in Georgien üblich, oft sogar wenn die Kinder schon verheiratet sind. So können Frauen, unterstützt von Eltern oder Schwiegereltern, jung Kinder bekommen und trotzdem ein Universitätsstudium abschließen und ihre Karriere verfolgen.

Im Gegensatz zu vielen älteren Georgiern hat Keti keine Scheu, von der immer wieder zitierten „Zeit ohne Strom und Gas" zu sprechen. In den Jahren bis 1995 kam auch noch die bandenmäßige Kriminalität der paramilitärischen und nationalistisch gesinnten *Mchedrioni* hinzu. Mit Schutzgelderpressungen, Vergewaltigungen, Plünderungen und Entführungen verbreiteten sie Angst und Schrecken.

„Meine Generation hat viele Höhen und Tiefen erlebt: Zuerst die gute Phase des Kommunismus in der Sowjetunion, denn zu meiner Zeit war die hässliche Epoche bereits vorbei. Ich hatte eine sehr schöne Kindheit. Doch dann kam der 9. April 1989, der alles auf einen Schlag veränderte. Ich war damals zehn Jahre alt, es war noch vor dem Zusammenbruch der Sowjetunion. Bei einer friedlichen Demonstration fuhren russische Panzer auf und 19 Menschen, die meisten Frauen, kamen dabei ums Leben. Es war die erste Tragödie meines Lebens, die Menschen waren im Schock. Der Notstand wurde ausgerufen, es gab eine Ausgangssperre.

Ich war noch ein Kind, aber ich erlebte alles ganz bewusst. Ein intensives Gemeinschaftsgefühl verband die Menschen, wie ich es später nie mehr erlebt habe. Das war das erste Ereignis, das meine Generation reifer machte und uns gemeinsam geprägt hat. Man sah das Leben plötzlich mit anderen Augen. Wenn ich jetzt mit älteren Leuten in Europa spreche, dann sagen sie immer: Du redest, als wärst du sechzig.

Alles begann mit diesem 9. April und seitdem befinden wir uns ständig im Umbruch. Wir müssen uns an immer neue politische Situationen anpassen. Wenn ich in einer stabilen Gesellschaft aufgewachsen wäre, dann wäre ich heute nicht so, wie ich bin.

Anfang der Neunzigerjahre wachte man eines Tages auf und es gab kein Gas, keinen Strom, kein Benzin und das mitten im Winter. Auf der Straße sah man tagelang kein Auto. Vor den Geschäften gab es lange Schlangen. Unsere Eltern standen um vier Uhr früh an, um Brot zu kaufen – meist kamen sie mit leeren Händen nach Haus. Da begannen meine Eltern selbst Brot zu backen: Eine

Generation, die nie Armut gekannt hatte und der es nie an etwas gefehlt hatte, erfand nun Rezepte für eine ‚Ersatz-*Chatschapuri*‘, das ist unser traditionelles, mit Käse gefülltes Brot, oder sie erfanden Ersatz-Kuchen und Ersatz-Schokolade. Aber nie ließen sie uns ihre Sorgen spüren. Wir Kinder und alle meine Freunde fühlten uns immer behütet. Ich merkte natürlich: Die Eltern bevorzugten uns, wir mussten zuerst essen, wir bekamen Fleisch, denn meine Eltern konnten es sich nicht leisten. So war das in allen Familien.

Als es kein Gas gab, kamen die Kerosin-Öfen auf. Es gab drei Typen: Der erste war der schlimmste, er stank fürchterlich. Das war der Grüne. Wenn ich heute zu jemand sage: Erinnerst du dich an den Grünen? Dann weiß jeder sofort, wovon ich rede. Nach einiger Zeit bekamen wir aus dem Iran den grünen Roten. Dafür musste man aber richtig Geld haben. Dann gab es noch den Turbo, der war richtig cool, ein echter Luxus. Aber alle stanken grausam. Jede Familie hatte nur einen beheizten Raum. Man verbrachte viel Zeit zusammen und war sich sehr nahe.

Es gab keine Verkehrsmittel, aber der körperlichen Entwicklung von uns Jugendlichen tat das nur gut – wir mussten kilometerweit zu Fuß gehen. Im Rückblick denke ich oft: Wie konnten wir solche endlosen Strecken zu Fuß gehen? Unglaublich! Wenn wir von der Schule kamen, hatten wir natürlich Hunger. Überall auf der Straße kamen wir an Leuten vorbei, die keinen offenen Kamin zu Hause besaßen und sich eine kleine Feuerstelle aufgebaut hatten, wo sie kochten. Wir mussten hungrig an all dem wunderbaren Essensgeruch vorbeigehen!

Wenn wir heute darüber sprechen, sagen wir: Wie schrecklich das war! Wie konnten wir das überstehen? Hausaufgaben bei Kerzenlicht! Aber wir sprechen darüber mit Humor. Für uns war es keine schlimme Zeit, es war aufreibend, aber wir waren jung, wir waren für niemanden verantwortlich. Und: Jeder war in der gleichen Situation, man war nicht allein. Du hattest keine Kleidung, aber deine Freunde hatten auch keine. Es gab keine Autos, aber niemand hatte eins.

Heute habe ich alles, aber im Hinterkopf bleibt die Erfahrung, dass man an einem Tag alles verlieren kann. Wenn einem das tatsächlich passiert ist, dann verändert es das ganze Leben. Wenn heute jemand von Hunger spricht, dann weiß ich, was es bedeutet, nicht zu wissen, was man am nächsten Tag essen wird. Ich weiß, was es heißt, arm zu sein. Das ist ein gutes

Heilmittel gegen den heutigen Konsumwahn.

Was in Georgien während der Krise besonders war und was uns geholfen hat, ist unsere Kultur der Freundschaft: Wenn man isst, lädt man seinen Freund dazu ein. Wenn man etwas hat, dann teilt man es. Das ist unsere Tradition. Meine Familie teilte mit meinen Freunden und sie mit uns. Für uns Kinder war das nichts Besonderes, aber heute, wo man alles hat, erinnere mich mich oft daran. Dieses Füreinander-Dasein hat in Georgien den höchsten Stellenwert. Es ist etwas sehr Wichtiges in meinem Leben. Es hat uns in der damaligen Zeit gerettet.

Ich hatte viel Glück in meinem Leben, nicht zuletzt, weil ich immer das tun konnte, was ich gern tat und dafür bin ich sehr dankbar. Ich begegne immer guten Leuten, egal wo ich bin. Das gibt mir Energie. Wenn ich einen Tiefpunkt habe, dann denke ich an diese Menschen, die sich freuen, wenn ich glücklich bin. Ich habe den Luxus, viele solcher Menschen zu kennen. Deshalb bin ich sehr reich.“

4   ETERI BADUASCHWILI
44–49

Eteri Baduaschwili ist fertig ausgebildete Pharmazeutin: Nach dem Technikum studiert sie vier Jahre Pharmazie. Auch ihr Mann macht damals eine Ausbildung im medizinischen Sektor und wird Zahntechniker. Die beiden heiraten, als Eteri achtzehn ist.

Heute ist Eteri jedoch Friseurin, und das kam so: Als sie damals in der Schewardnadse-Zeit ihr Studium beendete, musste man, um einen Job zu bekommen, entweder sehr gute Beziehungen haben oder sehr viel Geld – die Rede ist hier von 5.000 Dollar. Und das zu einer Zeit, in der eine Familie von 100 Dollar im Monat leben konnte. Sich ohne Kontakte einfach um eine Stelle zu bewerben – das war undenkbar. Heute ist das zum Glück anders. Inzwischen bemühen sich ausbildende Institutionen sogar, ihren Absolventen Stellen zu vermitteln.

Heute gäbe es für Eteri und ihren Mann vielleicht auch Arbeitsplätze in ihrem erlernten Beruf. Doch für die beiden ist es jetzt zu spät, sie haben den Anschluss an ihr jeweiliges Fachgebiet verloren. Während Eteris Mann keinen neuen Beruf gefunden hat und ihr mit den Kindern und zu Hause hilft, ist sie mit viel Freude Friseurin. Sie hat sich und ihrer Familie damit eine schöne Existenz aufgebaut. Schon als Kind gefiel ihr dieser Beruf und als es darum ging, sich umzuorientieren, zögert sie nicht lange. Hinzu kam, dass sie schon ihre zwei kleinen Kinder hatte, und man in diesem Beruf in der Arbeitszeit flexibel ist.

Also entscheidet sie sich für einen dreimonatigen Kurs in einem großen renommierten Salon, kombiniert mit einer praktischen Ausbildung. Anschließend arbeitet sie sieben Jahre als angestellte Friseurin, bevor sie sich 2006 selbstständig macht.

Lehrlinge ausbilden kann sie nicht, dafür müsste sie ein besonderes Zertifikat haben. Aber das würde sich für sie auch gar nicht lohnen – ihr Geschäft läuft blendend. Die Preise sind moderat: Für jede einzelne Leistung wie Waschen, Färben, Schneiden, Fönen berechnet sie 5 Lari. Das wären in diesem Fall zusammen 20 Lari, was etwa 10 Euro entspricht. Zum Vergleich: Während bei ihr Strähnchen 20 Lari kosten, muss man in den eleganten Salons in der Innenstadt 100 Lari dafür hinlegen. Und bei ihr herrscht immer gute Stimmung, der Ton ist familiär – kein Wunder, dass sie immer viel Kundschaft hat.

Aber so weit zu kommen, war für Eteri Baduaschwili alles andere als einfach. Es waren schwere Zeiten – in der Rückblende sieht sie nur: „Krieg, kein Geld, Überlebenskampf. Der einzige Lichtblick, das Wunderbarste, was ich in dieser Zeit geschafft habe, ist meine Familie. Alles andere war ein Alptraum. Für meine Kinder wünsche ich mir, dass sie in Georgien in einem glücklichen Land leben werden, das ihnen eine gute Zukunft bietet.“

5   SOLOMON LASARIASCHWILI
50–57

Wenige Kilometer von Tbilissi entfernt liegt die Industriestadt Rustawi, mit den typischen Arbeiter-Wohnblocks im sowjetischen Stil der Sechzigerjahre. Heute wird hier das Exportprodukt Nr. 1 von Georgien gehandelt: Gebrauchtwagen. Die Käufer kommen nicht nur aus Georgien, sondern vor allem aus Aserbaidschan, Armenien und Kasachstan, wo sie beim Wiederverkauf oft den doppelten Preis erzielen können.

Importiert wird überwiegend aus Deutschland, Japan und den USA. Dass japanische Autos rechtsgesteuert sind, ist dabei kein Hindernis. Für Leute mit guten Kontakten ins Ausland ist der Autoimport ein gutes Geschäft – wie für Solomon Lasariaschwili: „Von 2002 bis 2011 habe ich in Berlin gelebt und dort Sprachen studiert. Berlin ist meine Stadt, ich fühle mich da wie zu Hause, genau wie in Tbilissi. Seit letztem Jahr bin ich wieder hier und suche Arbeit. Leider geht das nicht so schnell und deshalb importiere ich von Zeit zu Zeit ein paar Autos. Im Internet suche ich mir geeignete Modelle aus und meine Freunde in Berlin klären dann, ob der Preis stimmt. Wenn ja, schicken sie die Autos per Container nach Georgien.“

Bis vor wenigen Jahren glich dieser Markt einem orientalischen Bazar – berüchtigt wegen der alles beherrschenden Korruption und der nervenaufreibenden Bürokratie.

Der damalige Präsident Saakaschwili – dessen großes Verdienst, mit der Korruption auf der unteren und mittleren Ebene aufzuräumen, auch von seinen Kritikern anerkannt wird – baute diesen Markt 2007 völlig neu auf: Sein Hauptmerkmal ist völlige Transparenz. Es gibt Werkstätten, wo Motoren überprüft und kleinere Reparaturen sofort erledigt werden können. In Glaskabinen, den *business rooms,* kann man unter Videoüberwachung seine Geschäfte abwickeln. Banken überprüfen Geldscheine, auch Dollar oder Euro, sofort und kostenlos auf Echtheit. Und vor allem gibt es eine Zulassungsstelle, die für 40 Euro innerhalb von 15 Minuten sämtliche Formalitäten abwickelt, inklusive der Nummernschilder – die übrigens mit einer aus Deutschland importierten Maschine geprägt werden. Die Vorliebe einiger Georgier für glücksbringende Zahlen oder den eigenen Namen auf ihrem Nummernschild bringt der Behörde viel Geld: Manch einer lässt sich das bis zu zehntausend Dollar kosten.

Die Zulassungsstelle ist international vernetzt und überprüft alle vorgelegten Dokumente. Die Arbeitsplätze sind von allen Seiten einsehbar – kurz mal einen Schein rüberschieben ist ausgeschlossen. Auch die Deutsche Botschaft leistet ihren Beitrag zur Transparenz: Wer ein Schengenvisum zum Autokauf beantragt, muss für jedes mit dem letzten Visum gekaufte Auto eine Kopie des Kaufvertrags und der deutschen Zulassungsbescheinigung vorlegen.

Man sagt, ein wichtiger Nebeneffekt dieser perfekt funktionierenden Zulassungsstelle sei ihr erzieherischer Effekt auf die Importeure aus den östlichen Republiken. Die anfängliche Enttäuschung darüber, dass Bestechung tatsächlich nicht möglich ist, weicht nämlich der Erkenntnis: Es ist durchaus im eigenen Interesse, eine offizielle Gebühr zu bezahlen, wenn die Leistung stimmt.

Ein kleines Detail trübt ein wenig das Gesamtbild: Besitzer dieser riesigen und sicher sehr ertragreichen Anlage soll ein guter Freund von Saakaschwili sein.

6   TAMARA GURGENIDSE
58—65

Tamara Gurgenidse blickt auf eine lange und erfolgreiche Karriere zurück: In 40 Jahren auf der Opernbühne sang sie alle Traumrollen eines Mezzosoprans, unter anderem in Aida, Troubadour, Carmen, Barbier von Sevilla, Boris Gudonov und Eugen Onegin.

Schon mit 22 Jahren hat sie ihre ersten Bühnenauftritte. Damals, 1963, sind die Bedingungen für Sänger günstig und es gelingt ihr schnell Karriere zu machen. „Aber das westliche Ausland blieb uns verschlossen. Nur Sänger der großen Theater in Moskau durften ins Ausland reisen. Inzwischen ist alles anders: Begabte Sänger finden einen Agenten, der sie international vermittelt. Deshalb begegnet man heute georgischen Sängern auf allen großen Bühnen der Welt, auch in der Scala und der Metropolitan Opera."

Der künstlerische Nachwuchs genießt auch noch immer eine hervorragende Ausbildung, aber Jahr für Jahr beenden mehr hochtalentierte junge Menschen ihr Studium am Konservatorium, als in diesem kleinen Land gebraucht werden. Das Publikum von Tbilissi liebt die Oper. Doch nun ist jedoch seit mehreren Jahren das Opernhaus, das Staatliche Sacharia-Paliaschwili-Theater für Oper und Ballett auf dem Rustaweli-Boulevard, wegen Renovierung geschlossen. Erst 2014 soll es wieder eröffnet werden. Für das Ballett und Konzerte wurden Ausweichquartiere gefunden – für die Opernaufführungen nicht. „Die jungen Talente haben nach drei Jahren Musikschule und sechs Jahren Konservatorium keine Auftrittsmöglichkeiten. Opernsänger müssen aber ständig an ihrer Stimme und Bühnenpräsenz arbeiten, sie dürfen nie stehen bleiben. Unser Theater war früher ein Sprungbrett. Wer hier auftrat und nicht nur Stimme, sondern auch eine szenische Begabung und Bühnenpräsenz hatte, wurde entdeckt."

Bis die Oper wieder eröffnet ist, müssen die jungen Talente deshalb ihr Sprungbrett im Ausland suchen. Deutschland ist besonders beliebt: „In Deutschland gibt es in fast allen Städten Bühnen, die gute Sänger suchen. Für Georgien ist das ein großer Verlust."

Schon einmal gab es eine Krise, in der die Zukunft des Gesangsnachwuchses auf dem Spiel stand: In den Neunzigerjahren, als es wegen der schlechten wirtschaftlichen Lage kaum noch Aufführungen gab. Damals beschlossen die älteren Sänger gemeinsam, auf Auftritte zu verzichten und damit den Weg frei zu machen für die jungen Talente.

Für Tamara Gurgenidse eröffnet sich 2002 eine neue Perspektive: Bekannt für ihr szenisches Talent, bekommt sie Angebote, Regie zu führen. Die neue Herausforderung nimmt sie mit Begeisterung an. Mit der Regiearbeit ist es allerdings abrupt vorbei, als das Theater 2009 wegen Renovierung geschlossen wird – allen Regisseuren wird gekündigt. So kam es, dass sie jetzt als Gesangspädagogin tätig ist. „Die Arbeit mit diesen wunderbaren jungen Leuten ist sehr spannend. Es freut mich, dass ich ihnen mit meiner Erfahrung auf ihrem Weg weiterhelfen kann."

Sie selbst hat als Kind schon gern und gut gesungen. „Aber das ist damals niemandem aufgefallen – das hat mich immer ein bisschen gekränkt." Aber dann, als junges Mädchen, wird sie doch noch „entdeckt": „Freundinnen, die an der Musikschule waren, fiel meine Stimme auf und sie nahmen mich mit. Ich konnte dort sofort mit der Ausbildung beginnen und war nach zwei Jahren schon am Konservatorium." Dort lernt sie auch ihren späteren Ehemann kennen, den Dirigenten Tamas Dschaparidse. Er studierte damals Ingenieurwesen und parallel dazu am Konservatorium. Statt dann aber als Ingenieur zu arbeiten, setzte er sein Musikstudium in Sankt Petersburg fort und wurde ein bekannter Dirigent.

„Als wir heirateten, versprachen wir einander, nie allein auf Gastspielreisen zu gehen, sondern immer nur gemeinsam. Engagements, für die ich länger als vier Wochen unterwegs gewesen wäre, habe ich nicht angenommen. Schauspieler und Sänger lassen sich oft scheiden – wir haben es immer geschafft zusammenzubleiben."

Und nicht nur das, sie haben auch fünf Söhne großgezogen. „Wir wohnten zuammen mit meinen Schwiegereltern. Die Familie hat mir sehr geholfen, ohne sie hätte ich es nie geschafft. Meine Söhne haben Jura, Finanzwissenschaft, Informatik und Geschichte studiert. Musikalisch sind alle völlig unbegabt. Aber eins meiner sechs Enkelkinder hat schon Stimme: Das Mädchen ist jetzt 15 und geht zu mir in die Musikschule. Man kann noch nichts vorhersagen, denn erst nach der Pubertät darf man die Stimme bearbeiten und weiterausbilden. Vielleicht schafft sie es später ans Konservatorium. Zugegeben – diese Perspektive würde mir für sie gut gefallen."

7 SURAB MIKAWA
66–71

Seit er 1993 als Kriegsflüchtling aus Abchasien kam, hat Surab Mikawa in Tbilissi mehrere kleine Marktstände, wo er mit Lebensmitteln handelt. Das sichert ihm und seiner Familie ein gutes Auskommen.

Dass er tüchtig ist und Eigeninitiative besitzt, hatte er schon zur Sowjetzeit bewiesen, damals noch in Sochumi, einer Stadt mit mildem Klima an der abchasischen Schwarzmeerküste, einem der beliebtesten Touristengebiete, wo lange Zeit Georgier, Russen, Abchasen und Armenier friedlich zusammenlebten. Mitte der Achtzigerjahre werden unter Gorbatschow viele Gesetze gelockert, und Surab Mikawa kann sich als Bauingenieur selbstständig machen. 1988 gründet er eine Kooperative für Baumaterial und ist sehr erfolgreich. Er besitzt ein schönes dreistöckiges Haus, in das er die modernste Technik eingebaut hat.

Vier Jahre später beginnt der Konflikt um Abchasiens Loslösung von Georgien. Ein Jahr hält er trotz der Bedrohung noch durch, schließlich war es inzwischen auch schon zu Massakern an ethnischen Georgiern gekommen. Dann aber, 1993, muss auch er mit seiner Familie fliehen. Abchasische Verwandte kümmern sich noch eine Weile um sein Haus, aber gegen die neuen „Besitzer" können sie nichts unternehmen.

Als Surab Mikawa im Oktober 1993 mit seiner Frau und drei kleinen Kindern in Tbilissi ankommt, besitzt er nichts mehr – nicht einmal Messer und Gabel. Die wenigen Verwandten, die er in Tbilissi hatte, helfen ihm mit dem Nötigsten. Über 200.000 ethnische Georgier wurden damals aus Abchasien vertrieben, und das zu einer Zeit, als Georgien ohnehin seine schwierigste Zeit durchmachte. Bei seiner Ankunft in Tbilissi wird Surab Mikawa und seiner Familie vom Staat ein etwa 20 Quadratmeter großes Zimmer zugewiesen. Dort bleiben sie acht Jahre, bis sie genug gespart haben, um in eine bessere Bleibe umzuziehen. In all den Jahren – bis heute – kümmert sich seine Frau um die Kinder und den Haushalt, er und seine Schwester arbeiten den ganzen Tag auf dem Markt.

Sein Traum war immer, seinen Kindern eine gute Ausbildung zu ermöglichen – und das ist ihm gelungen: Ein Sohn hat Jura studiert. Nach dem Studium hat er eine Zeitlang mit Erfolg als Schauspieler im Film und am Theater gearbeitet. Um ein solideres Einkommen zu haben, gründet er ein Institut für Fortbildungskurse in Sprachen und Jura. Der andere Sohn hat Wirtschaft studiert, arbeitet aber nicht in seinem Beruf, er hat einen Autohandel. Die Tochter studiert noch und hat sehr gute Noten. Surab wünscht sich vor allem eine gute Zukunft für seine Kinder. Für sich selbst hat er keine Erwartungen mehr.

Der Schock, über Nacht alles zu verlieren, hat ihm sehr zugesetzt – er ist nicht gesund und der seelische Schmerz tut bis heute weh. In der Sowjetunion war er sehr zufrieden und auch heute würde er gern in Russland leben. „Viele Leute wollen das nicht hören. Aber damals ging es uns gut. Diese Unabhängigkeit hat keinen Vorteil für mich. Ich kann nicht nach Russland fahren, da bekommen wir kein Visum. Nach Europa kann ich nicht fahren, dafür reicht mein Geld nicht." Schön wäre es, wenn Abchasien nicht mehr von Russland besetzt wäre und er eines Tages in sein eigenes Haus zurückkehren könnte. „Nicht nur ich, auch die anderen Abchasier träumen jede Nacht davon."

Das kann erst geschehen, wenn Georgien wieder bessere Beziehungen mit seinem Nachbarn Russland hat. „Ich habe für Iwanischwili gestimmt. Ich war auch mit der alten Regierung nicht unzufrieden. Aber Iwanischwili will die Beziehungen zu Russland normalisieren – nur so werden wir irgendwann nach Abchasien zurückkehren können."

8 ELSA BAGDASARIAN
72–79

„Wir hatten Glück – mein Mann und ich, wir hatten beide einen praktischen Beruf, so kamen wir immer irgendwie über die Runden, auch in den schlechten Zeiten, als viele ihre Arbeit verloren."

Man möchte meinen, dass ein Beruf wie Nagelkosmetikerin in sozialistischen Zeiten nicht gerade boomte und heute, in der Zeit des freien Unternehmertums, blühen müsste.

Das Gegenteil ist der Fall. Als Elsa die Schule beendet, bietet eine Nachbarin ihrer Mutter an, ihr eine Lehrstelle als Nagelpflegerin zu vermitteln. So beginnt sie Mitte der Fünfzigerjahre in einem großen Friseur- und Kosmetiksalon, der auch Maniküre und Pediküre anbot. 45 Jahre sollte sie hier bleiben, in diesem Salon von höchstem Renommé und bester Adresse: Rustaweli-Boulevard Nr. 1. Insgesamt gab es nur zwei oder drei Salons in der Stadt und die waren stets gut besucht – man achtete sehr auf ein gepflegtes Äußeres.

Heute gibt es statt der wenigen großen und profitablen Salons nur noch viele kleine Studios, die sich irgendwie über Wasser halten. Die Leute haben nicht mehr genug Geld, den Luxus der Nagelpflege können sich viele nicht mehr leisten. Früher – das heißt in sozialistischer Zeit – kamen vor Weihnachten und Neujahr immer so viele Kundinnen, dass sie Schlange stehen mussten. Jetzt sitzen Elsa Bagdasarian und ihre Kollegin oft den ganzen Tag herum, und wenn Kundschaft hereinkommt, freuen sie sich. Auf der Straße begegnet sie manchmal Stammkundinnen, die verlegen meinen: „Ich würde ja gerne öfter kommen, aber ich kann es mir nicht leisten."

In der Schewardnadse-Zeit, etwa um 1998, wird der Salon auf dem Rustaweli-Boulevard privatisiert und von den Mitarbeitern übernommen: Den größten Anteil erhalten die Damen-Friseure, dann kommen die Herren-, die Kinderfriseure und die Kosmetikerinnen. Der geringste Teil bleibt für die Nagelpflegerinnen. Als das Geschäft jedoch immer weniger profitabel wird – es war eine Zeit, in der sich niemand mehr Extras leisten kann – verkaufen die Teilhaber den Salon.

Heute arbeitet Elsa bei einer ehemaligen Kollegin, die einen Salon in ihrem eigenen Haus eingerichtet hat. Hier hat sie bessere Bedingungen als anderswo: Von den 6 Lari (3 Euro), die eine Maniküre kostet, muss sie nur 2 Lari an die Besitzerin abgeben – statt der sonst üblichen 3 Lari. Auf jeden Fall möchte sie trotz ihrer 76 Jahre weiter arbeiten, solange es geht, denn einfach nur zu Hause zu sitzen, kommt für sie nicht in Frage. Allerdings ist das Hinzuverdiente auch existenziell notwendig: Die Rente ist niedrig, Strom und Gas sind teuer, und man hat Angst krank zu werden, denn zum Arzt zu gehen und Medikamente zu kaufen, kann sie sich kaum leisten. Auch sie hofft, dass die Krankenversicherung für alle bald Realität wird.

Ein bisschen wehmütig wird sie, wenn sie daran denkt, wie gut und sorglos sie früher gelebt hat: Krank zu werden und Medikamente zu brauchen, war kein materielles Problem. Mit ihrem Mann zusammen sie konnte ausgedehnte Reisen unternehmen: Ungarn, Rumänien, Tschechoslowakei, Baltikum, Moskau – beim Gedanken an die Eremitage und die vielen schönen Museen

glänzen ihre Augen. Das ist alles Vergangenheit: Das Gewerkschaftsreisebüro existiert nicht mehr, und um ins Ausland zu reisen, braucht man jetzt ein Visum und viel Geld – beides ist im heutigen Georgien nicht so einfach zu haben. Immerhin war sie dreimal bei ihrer Tochter in den USA – finanziert von der Tochter, die dort lebt.

Sehr froh ist sie über ihr kleines, liebevoll eingerichtetes Haus. Hier wohnt sie seit ihrer Hochzeit 1965. Ihr Mann brachte es mit in die Ehe. Er war Fernsehtechniker – ein guter Beruf, der ihm auch in der schlechten Zeit immer wieder zu kleinen Aufträgen verhalf. Ihren beiden Töchtern konnten sie eine Hochschulausbildung ermöglichen: Die eine studierte Medizin, die andere machte ihren Abschluss an der Technischen Universität.

Elsa Bagdasarian ist in Tbilissi geboren und aufgewachsen, genau wie ihre Eltern. Sie ist Armenierin und hat als Kind neben Georgisch und Russisch auch Armenisch gelernt – heute hat sie es weitgehend vergessen. Wenn sie Armenisch im Fernsehen hört, kann sie es kaum verstehen und Religion hat ohnehin keine Bedeutung für sie. Was ihr wichtig ist im Leben, ist ihre Arbeit und ihre Familie – und zum Glück hat sie an beidem viel Freude.

9 KETEWAN ABASCHIDSE-MOUGET
80–87

„Als ich jung war, hatten wir überall im Haus Bücher, Alben, Schachteln und Döschen mit dem Wappen unserer Familie. Eines Tages, ich war etwa 14, da nahm ich so ein Wappen und machte eine Brosche daraus. Meine Großmutter war in Panik: ‚Bitte trag diese Brosche nicht! Alle werden denken, wir sind Monarchisten. Man wird uns festnehmen und erschießen.'"

Damals um 1970 erinnerte sich ihre Großmutter noch gut daran, wie es ihrer Familie Anfang der Zwanzigerjahre ergangen war: Viele Aristokraten wurden getötet, Ketewans Großvater wurde nach Sibirien verbannt, ihre Urgroßmutter nach Kasachstan zum Baumwollepflücken. Beide hatten Glück und kamen nach sechs, sieben Jahren wieder zurück.

Ihre aristokratische Herkunft ist Ketewan Mouget sehr bewusst: „Alexandre Dumas beschreibt die Begegnung mit unserer fürstlichen Familie in seiner *Reise im Kaukasus*. Meine Ururgroßmutter, die Prinzessin Orbeliani, die von König Erekle II. abstammte, unterhielt einen literarischen Salon und übersetzte Rabelais, La

Fontaine und Shakespeare ins Georgische. Mein einer Großvater war Literaturkritiker und zwei Straßen tragen seinen Namen: Kita Abaschidse. Der andere hieß Iwane Dschawachischwili, seine Frau war Anastasia Orbeliani. Er gründete die Staatliche Universität von Tbilissi und ist auf dem 5-Lari-Schein abgebildet."

Die Familie besaß eine Reihe Schlösser in ganz Georgien. In den Zwanzigerjahren wurden alle enteignet oder zerstört – bis auf das Haus, in dem Ketewan Mouget heute lebt und von dem sie sagt: „Es ist ein historisches Baudenkmal, aber man braucht einen Regenschirm, wenn man durch das Haus geht, es ist praktisch eine Ruine."

Sie ist seit drei Jahren Witwe, hat einen 15-jährigen Sohn und so gut wie kein Einkommen. „Als ich Sozialhilfe beantragte, kam der Gutachter und meinte: ‚Sie haben ein riesiges Haus, was wollen Sie?' Aber es ist ein historisches Monument, ich kann und will es nicht verkaufen, habe ich gesagt. Da hat er gemeint: ‚Sie haben einen Fernseher? Ihre Waschmaschine funktioniert? Dann Auf Wiedersehen.' Und er ging!"

Sie kann sich heute weder dringend benötigte Medikamente, noch eine Brille oder Arztbesuche leisten. "Saakaschwili sieht nicht, dass die Leute vor Hunger sterben. Kranke haben doch gar kein Geld für ihre Medikamente. Unverzeihlich, was er alles verbrochen hat: der Krieg von 2008 und dann noch die Folterskandale in den Gefängnissen."

Dabei schien ihre Perspektive bis vor wenigen Jahren trotz aller äußeren Turbulenzen durchaus hoffnungsvoll zu sein – bis 2009 ihr Mann Bernard Mouget mit 69 Jahren an einem Herzinfarkt starb.

Sie hatte ihn Mitte der Neunzigerjahre bei AMI kennen gelernt: einer internationalen Hilfsorganisation, die in der schlimmen Zeit des Mangels und der Essensmarken Witwen und Waisen mit Kleidung und Medikamenten versorgte. Ketewan arbeitet dort als ehrenamtliche Übersetzerin, verteilt Essen und Kleidung. Als Übersetzerin hatte sie Erfahrung: Französisch hatte sie an der Universität studiert, später übersetzte sie für das georgische Fernsehen.

Bernard Mouget, 17 Jahre älter als sie, ein Franzose aus Versailles und ein sehr gebildeter Mann, ist mit der Geschichte und Kultur Georgiens bestens vertraut. Er hatte in San Francisco gearbeitet und kam von dort aus als Informatiker und Manager zu AMI.

Die beiden heiraten, ein Jahr später kommt ihr Sohn Georges zur Welt. Bernard Mouget gründet die französische *Ecole Marie Brosset*. Von Zeit zu Zeit fahren sie nach Frankreich, um ihre Papiere zu verlängern, sie sind nicht reich und nicht arm, es reicht für das teure Feuerholz und genug zu essen haben sie auch. Bernard ist schon länger dafür, dass die Familie nach Frankreich geht. Aber Ketewan kann sich nicht so schnell dazu entschließen, obwohl die Zeiten schlecht sind. Bis eines Tages ihr kleiner Sohn zum Lichtschalter geht und sagt: „Mach das Licht an, Maman." „Du weißt doch, es gibt kein Licht." „Nein, mach es an." Und zum ersten Mal weint ihr kleiner Sohn so, dass er nicht mehr zu beruhigen ist. Ketewans Onkel sagt: „Pack deine Koffer und geh mit ihm nach Frankreich! Du hast die Möglichkeit, geh und nimm deinen Sohn mit!"

Ketewan hat schon vieles durchgestanden, sogar ihr Kind beim Licht einer Petroleumlampe zur Welt gebracht, aber immer wollte sie in ihrer Heimat bleiben. Doch nun ist der kritische Punkt erreicht: Die kleine Familie geht nach Frankreich. Einige Jahre später, 2004, meint ihr Mann: „Jetzt ist die Rosenrevolution – fahren wir heim!" Wenig später, im August 2008, greift der damalige Präsident Saakaschwili Russland an. Dann – der Krieg, die Russen, die Bomben. Sarkozy schickt drei Flugzeuge und evakuiert alle Franzosen aus Georgien. Schweren Herzens geht sie mit.

Nach einer Weile kehren sie nach Georgien zurück, Bernard bleibt noch in Frankreich, um sich um die Papiere zu kümmern. Er bittet sie, Skype einzurichten, um besser mit ihr und dem inzwischen 12-jährigen Georges in Kontakt zu bleiben. Sie hat keine Ahnung, wie das geht, bis ihr Sohn es eines Abends schafft. Bernard kann anrufen und sie sprechen zwei Stunden. Als der Junge schließlich ins Bett geht, fängt er zu weinen an, ist nicht zu trösten.

Am nächsten Morgen ruft Bernards Tochter aus erster Ehe an – Bernard war an einem Herzinfarkt gestorben, genau zu der Zeit, als ihr Sohn so herzzerreißend weinte.

Bernard hatte immer alle durchreisenden Franzosen „adoptiert", wie sie sagt. „Alle kamen und schliefen bei uns, manchmal 15 Leute. Junge Leute, die Arbeit suchten oder fremde Länder kennen lernen wollten. „Und als Bernard starb, schlugen sie vor: ‚Warum machst du kein Guest House?' Und da habe ich tatsächlich mit der Hilfe von zwei Franzosen im Parterre *Chez Kétévan* eingerichtet, ein Guest House mit zwei Mehrbettzimmern". So hat sie immer nette Gäste und ein kleines Zubrot.

Ihr Sohn bekommt als Franzose Unterstützung aus Frankreich und kann deshalb die französische Schule in Tbilissi besuchen, ein schönes Gebäude, das Iwanischwili erbauen ließ. Ketewan Mouget selbst hofft auf eine Witwenrente aus Frankreich. Ihren Optimismus hat sie nicht verloren: "Leider bin ich von Natur aus sehr gutgläubig und jetzt vertraue ich auf Iwanischwili."

10 LEWAN TSINTSADSE
88—93

Dass nicht nur Geigenspielen eine Kunst ist, sondern auch Geigenbauen hat Lewan Tsintsadse von seiner Urgroßmutter erfahren. Sie hatte es in jungen Jahren in St. Petersburg gelernt. Aber auch in anderer Hinsicht war sie außergewöhnlich: Anastasia Dschambakur-Orbeliani stammte aus dem georgischen Hochadel und war eine Nachfahrin des vorletzten georgischen Königs Erekle II. Sie war verheiratet mit Iwane Dschawachischwili, dem Gründer der Staatlichen Universität von Tbilissi. Als Lewan Tsintsadse etwa sechs war, also Mitte der Sechzigerjahre, zeigte sie ihm das Geigenbauen, was bei ihm einen bleibenden Eindruck hinterließ.

Als junger Mann besucht er das Konservatorium: Von 1977 bis 1982 studiert er Geige. Dort bleibt er bis 1989, er unterrichtet und spielt im Orchester. Damals geht seine Geige kaputt. In Tbilissi ist kein professioneller Geigenbauer aufzutreiben. Er muss sein Instrument einem ganz normalen Handwerker anvertrauen, der ihm verspricht es zu richten. Halten kann er dieses Versprechen nicht. Immer wieder muss Lewan bei ihm reklamieren und nachfragen. Die Reparatur zieht sich über Jahre hin.

Doch die regelmäßigen Werkstattbesuche, die Auseinandersetzung mit der Wiederherstellung seiner Geige, wecken in Lewan das seit seiner Kindheit verschüttete Interesse am Geigenbau – der Anstoß für seinen weiteren Berufsweg.

Es gelingt ihm, in Moskau ein Praktikum bei einem Lehrmeister zu machen. Allerdings ist diese Ausbildung nicht sehr ergiebig. Zur sowjetischen Zeit ist das Land völlig vom Ausland abgeschottet. Den russischen Lehrmeistern, auf die Lewan trifft, fehlt eine kundige Ausbildung. Immerhin erfährt er dort: Wenn du das Handwerk gründlich lernen willst, musst du in die Heimat des Geigenbaus fahren, nach Italien, und zwar nach Cremona.

Von da an setzt er alles dran, die bürokrati-schen und finanziellen Hürden zu überwinden, die damals mit einem solchen Aufenthalt im westeuropäischen Ausland verbunden waren. 1992 ist es so weit: Lewan kann seine Ausbildung an der weltberühmten Geigenbauschule in Cremona antreten. Die Begegnung mit Kollegen aus aller Welt ist eine ganz neue und bereichernde Erfahrung für ihn. Vier Jahre dauert die Lehre, vier weitere Jahre arbeitet er in verschiedenen Werkstätten in Cremona und erwirbt Berufserfahrung und Know-how – und er kann dort Geld verdienen zu einer Zeit, als das in Georgien schwierig ist.

Lewan Tsintsadse wäre gerne länger in Cremona geblieben. Doch in Tbilissi lebt seine Frau, die er am Konservatorium kennen gelernt und 1983 geheiratet hatte. Die beiden hatten bereits zwei Kinder, als er nach Cremona ging. Über acht Jahre hinweg trafen sie sich mal in Cremona, mal in Tbilissi. Das Familienleben vermisst er sehr und im Jahr 2000 kehrt er nach Hause zurück.

Als Nachfahre der Adelsfamilie Orbeliani wohnt er mit seiner Familie nun in dem Haus der vormals fürstlichen Familie, wo auch Ketewan Mouget lebt – die Urgroßmütter der beiden waren Schwestern aus dem Hause Orbeliani. Dieser Wohnsitz der Familie hat als einziger die Verfolgung des Adels in der Revolution überstanden. Der Garten wurde von dem zu seiner Zeit berühmten Gärtner Michael Mamulaschwili angelegt – er ist längst verwildert, nur eine chinesische Rose ist noch erhalten.

In einem der Zimmer steht noch ein alter Bechstein-Flügel. „Hier hat der berühmte Komponist Sacharia Paliaschwili gesessen, wenn er meinen Großvater Iwane Dschawachischwili besucht hat.", erzählt Lewan. „Wahrscheinlich hat er Iwane vorgespielt, während Iwane an seinen Bänden über die Geschichte Georgiens geschrieben hat, so stelle ich es mir vor." In einem Raum mit Blick auf den Garten hat sich Lewan Tsintsadse seine Geigenbau-Werkstatt eingerichtet. „Der Markt für Geigen ist in Georgien sehr überschaubar. Nachfrage gibt es vor allem nach Reparaturen. Es sind immer noch viele deutsche Instrumente unterwegs, die nach dem Krieg nach Georgien gelangten. Instrumente leben länger als Menschen, deshalb schätzen viele Leute gute, gebrauchte Instrumente. Wer in Georgien eine neue Geige kaufen will, kann das heute übers Internet und dann am liebsten ein relativ billiges chinesisches Instrument, das nach ein paar Jahren ersetzt wird. Die meisten meiner Abnehmer leben in Japan. Ich habe Freunde in Osaka und ab und zu kommen Bestellungen von dort. Aber im Allgemeinen ist es so: Wer echte Qualität will und sie sich leisten kann, der bestellt in der Heimat der Geige, in Cremona. Solange ich in Cremona war, hatte ich gute Kunden. Wenn ich noch dort wäre, könnte ich viel mehr exportieren als von hier aus."

Tbilissi mag nicht der ideale Standort für den Geigenbau sein. „Aber heute sind die Möglichkeiten viel besser als zur Sowjetzeit. Ich kann überall Material bestellen, ich habe Kontakte nach Europa. Über das Internet bekomme ich Informationen, für die ich früher nach Cremona hätte fahren müssen. Die Generation, die die alte Zeit nicht erlebt hat, sieht heute vielleicht viele Probleme – aber nur, weil sie nicht wissen, wie es damals war."

11   ELENE CHUDOIAN
94—99

Zur Zeit des 1. Weltkriegs, um 1915/16, wanderten die Vorfahren der heute in Georgien lebenden Jesiden geschlossen aus dem osmanischen Reich in den Südkaukasus aus. Hier im zaristischen Russland fanden sie Zuflucht: Es war die Zeit des Völkermords an den Armeniern, dem auch andere nicht-muslimische Minderheiten zum Opfer fielen, denn verfolgt waren ebenso die kleineren Religionsgemeinschaften wie Assyrer, Aramäer und Jesiden.

Die Jesiden zählen zu den Kurden, in Georgien bilden sie heute die Mehrheit unter den Kurden: Sie blieben zurück, als die muslimischen Kurden 1944 aus Georgien und Armenien nach Zentralasien deportiert wurden, da Stalin fürchtete, sie könnten sich mit den türkischen Muslimen solidarisieren.

Die Jesiden sprechen Kurmandschi, einen der vier kurdischen Dialekte. Er gehört zu den iranischen Sprachen und wird auch in der Türkei und im Nord-Irak gesprochen. In Georgien wird Kurmandschi nur mündlich in der Familie weitergegeben.

Wie viele Angehörige von ethnischen Minderheiten in Georgien, die heute dreißig Jahre oder älter sind, hat auch Elene Chudoian ihre gesamte Ausbildung auf Russisch erhalten, das ja die offizielle Sprache in sämtlichen Republiken der Sowjetunion war. Ob für Armenier, Assyrer, Juden oder Kurden – für viele diente Georgisch nur der Alltagskommunikation. Zu Hause sprachen sie meist entweder die Sprache ihrer Minderheit oder Russisch.

Dies erweist sich jedoch im unabhängigen Georgien als Problem, denn nun ist perfektes Georgisch – inklusive der im jeweiligen Beruf erforderlichen Fachsprache – in allen Berufen eine Grundvoraussetzung. Elene Chudoian hat Jura noch auf Russisch studiert, aber als sie ihr Diplom in der Hand hatte, konnte sie ihren Beruf in Georgien nicht mehr ausüben.

Elene arbeitet einige Jahre als Beraterin in einem kleinen Betrieb und später als Versicherungsvertreterin. Nun ist sie schon seit 2009 Vorsitzende des Jesidischen Jugendverbands. Sie stammt aus einer sehr liberalen Familie und erfährt erst bei ihrer neuen Tätigkeit mehr über ihre Volkszugehörigkeit, die Traditionen und die Religion.

Die Jesiden stammen ursprünglich aus Mesopotamien und die Wurzeln ihrer Religion reichen weit zurück in die vorislamische Zeit. Es ist eine monotheistische Religion mit Elementen, die an die zoroastrische Religion und den Sufismus erinnern. Der Pfau, das Feuer, die Sonne, die Schlange sind wichtige Symbole. Beide Eltern müssen Jesiden sein, eine Mischehe bedeutet den Austritt aus der Religion: eine Regel, die auch bei den ursprünglich aus dem alten Iran stammenden Parsen gilt und – hier wie dort – zur Folge hat, dass die Gemeinde kontinuierlich schrumpft. Es gibt ein Kastensystem ähnlich wie in Indien, das vor allem Kleriker von Nicht-Klerikern unterscheidet. Sie dürfen nicht untereinander heiraten. Die Nicht-Kleriker wiederum gehören verschiedenen Stämmen an, die jedoch untereinander heiraten dürfen. Im 12. Jahrhundert wurde Sheikh Adi, ein Sufi, zum formalen Begründer der Religion: Er vereinte verschiedene alte Traditionen, wie zum Beispiel den Mithras-Kult mit anderen Strömungen, die zum Teil 5.000 Jahre alte Wurzeln haben. Sein Grab in Lalisch im Irak bildet das Hauptheiligtum des Jesidentums.

Heute gibt es weltweit etwa eine Million Jesiden, die meisten im Nordirak. In Deutschland leben etwa 60.000, in Georgien 22.000 Jesiden.

Elene Chudoian lebt in vierter Generation in Georgien. Väterlicherseits stammt ihre Familie aus der Türkei, mütterlicherseits aus dem irakischen Kurdistan. Ihre Urgroßmutter kam mit 13 Jahren aus Armenien nach Georgien – allein: Ihre ganze Familie war dem damaligen Völkermord zum Opfer gefallen.

Das Jesidische Haus ist ein Geschenk der irakischen Botschaft. Auf diese Hilfe sind die Jesiden dringend angewiesen, denn die Gemeinde ist klein und es gibt keine zahlungskräftige Diaspora, die sie unterstützen könnte, so wie das bei den Armeniern der Fall ist. Der Jesidische Verband unterstützt nicht nur die Jugend, sondern auch die Frauen, und er bietet juristische Beratung. Die meisten Mitglieder sind nicht besonders religiös, aber sie interessieren sich für ihre ethnische Identität.

Die älteren Frauen sind so gut wie gar nicht integriert. Sie tragen noch Kopftücher, typische Tätowierungen im Gesicht und auf den Armen, die eine Bedeutung haben, aber von der jüngeren Generation nicht mehr verstanden werden. Die meisten Jesiden, die in der Sowjetzeit aufgewachsen sind, haben wenig bis gar keine Beziehung zur Religion. Einige nehmen die Religion und ihre Traditionen sehr ernst. Ihrer ethnischen Zugehörigkeit als Kurden sind sich aber alle bewusst.

Seit etwa fünf Jahren gibt es keine Diskriminierung mehr, weder in religiöser noch in ethnischer Beziehung. Das Dilemma ist jedoch: Je besser die Integration funktioniert, desto mehr gehen die eigene Sprache und die Traditionen verloren.

Elene Chudoian setzt sich mit ihrer Arbeit für beides ein: einerseits die Erhaltung der eigenen Kultur und Sprache, andererseits die Verständigung auf nationaler und internationaler Ebene mit nicht-jesidischen Kurden und mit anderen Minderheiten. Der Verband ist pro-europäisch orientiert und sucht die Zusammenarbeit mit ähnlichen Projekten auf internationaler Ebene. Zurzeit organisiert Elene in Adscharien in Südwestgeorgien ein internationales Friedenslager für Jugendliche aus Konfliktregionen: Dort begegnen sich junge Armenier, Türken und Kurden aus dem Irak und der Türkei zum Dialog.

12   Dr. GEORGE TSCHITSCHUA
100—105

George Tschitschua stammt aus einer Medizinerfamilie: Schon seine beiden Großeltern waren Ärzte, seine Schwester ist Ärztin und sein Vater gründete die Augenklinik *Chichua Eye Clinic Mzera*.

Nach dem ersten Teil des Medizinstudiums in Tbilissi – es war die Zeit von Bürgerkrieg, Korrupti-

on und Kriminalität – geht George Tschitschua von 1994 bis 1997 nach Russland und promoviert dort. Anschließend geht er nach Deutschland, um sich fachlich weiterzubilden: Er ist Gastarzt an den Uni-Augenkliniken Tübingen und Münster, bereitet seine Habilitation vor und beginnt, Kontakte zu verschiedenen Spenden-Organisationen zu knüpfen: Zu Aktion Medeor, dem Deutschen Medikamentenhilfswerk und der CBM Christoffel Blindenmission, einer großen Organisation, die verschiedene Projekte in der Augenheilkunde unterstützt. Ohne ihre Hilfe wäre es nicht gelungen, in den Jahren der tiefsten Krise Georgiens den Grundstein für eine erfolgreiche Augenklinik zu legen.

Fast sechs Jahre lang führt die CBM zusammen mit der Mzera Augenklinik Projekte durch, sie hilft durch Spenden wie medizinisches Material und Apparate. Schritt für Schritt kann die Klinik ohne Unterstützung der Hilfswerke agieren.

Die professionelle Zusammenarbeit mit Deutschland geht jedoch weiter. Delegationen von CBM kommen nach Georgien, die Mzera Klinik arbeitet mit der Münchener Ludwig-Maximilians-Universität zusammen.

„Vor allem mit dem inzwischen emeritierten Professor Volker Klauss von der LMU arbeitete ich eng zusammen. Wir stehen immer noch in Verbindung. Er hat sehr viel für uns getan. Unsere Ärzte können durch seine Vermittlung auf mehrwöchige Hospitation an eine deutsche Klinik kommen und sich dort weiterbilden. Wir besuchen regelmäßig verschiedene Kongresse – hier an der Wand hängen die Diplome aus der ganzen Welt, nur die vom letzten Jahr!"

Der Zukunft sieht Dr. Tschitschua optimistisch entgegen: „In Georgien geht es immer weiter aufwärts. Das Versicherungssystem hat sich sehr verbessert. Inzwischen – im Jahr 2012 – können viele Patienten zum Arzt gehen und müssen das nicht mehr selbst bezahlen. Zurzeit ist die Hälfte der Bevölkerung versichert. Im Lauf des Jahres 2013 sollen alle versichert sein, der Staat übernimmt dann die Behandlungskosten. Auch mit unserer Klinik wird es aufwärts gehen: In diesem Klinikkomplex sind wir nur Untermieter. Wir planen unsere eigene Privat-Augenklinik zu bauen, genauer gesagt, eine kleine Multiklinik, denn wir werden auch Labore, Ultraschallgeräte und Ähnliches haben. Wir haben ein Grundstück gleich neben diesem Klinikkomplex, in dem wir jetzt sind."

Während die Patienten in der Hauptstadt medizinisch gut versorgt sind, trifft das für die Landbevölkerung nicht zu. Dr. Tschitschua: „Inzwischen sind wir so weit, dass wir der georgischen Provinz helfen können. Wir besuchen regelmäßig verschiedene Orte und führen dort Operationen durch – allerdings nur einfache. Schwierigere müssen wir in Tblissi machen, weil wir nur hier über die nötige Ausstattung verfügen. Dazu gehört auch die häufigste OP, der Graue Star. Die lokalen Kliniken sind nicht dafür ausgerüstet.

Wir sind sehr froh darüber, dass wir inzwischen so weit sind, dass wir anderen helfen können."

13   SIMON DASCHTU
106—111

Simon Daschtu arbeitete lange Jahre als Schauspieler, Beleuchter, Kameramann und Bühnenbildner, bevor er vor zwölf Jahren im Klinikum als Techniker zu arbeiten begann. Seitdem kennt und respektiert ihn auf dem Klinikgelände jeder. Denn Simon Daschtu ist nicht nur ein herzlicher und hilfsbereiter Mensch, er kann einfach alles: Ob Wände streichen, einen Tisch reparieren, komplizierte technische – und in der Wiederbeschaffung kostspielige – Geräte wieder zum Laufen bringen, sogar nähen – für alles hat er eine Lösung bereit. Und Aufgaben gibt es in der Augenklinik viele.

Daschtu ist verheiratet, er hat zwei Söhne und zwei Enkelkinder. Er ist Assyrer und syrisch-katholisch getauft. In jungen Jahren ging er auch manchmal in die Kirche. Es gab damals in Tblissi eine deutsche katholische Kirche, wo früher Gottesdienste zu bestimmten Zeiten jeweils auf Deutsch, Russisch, Armenisch oder auf Aramäisch, der Sprache der Assyrer, gehalten wurden. Inzwischen gibt es eine neue katholische Kirche, die von Assyrern gebaut wurde und wo ein Priester aus den USA die Gottesdienste hält. Simon Daschtu selbst war noch nicht dort. „Ich habe keine Zeit dafür, ich arbeite auch samstags und sonntags in der Klinik."

Er hat auch nicht Aramäisch schreiben gelernt, eine Schrift, die wie die verwandten semitischen Sprachen Hebräisch und Arabisch von rechts nach links geschrieben wird. Damals in der Sowjetunion wurde Religionsausübung generell nicht gern gesehen. Simons Neffe hat es jedoch gelernt, denn in der jüngeren Generation wird Aramäisch wieder unterrichtet.

Vor einigen Jahren sammelten die Assyrer in ihrer Gemeinde Geld, um einen Film über ihre Volksgruppe zu drehen, ganz privat und zum eigenen Spaß. Simon Daschtu war als Kamera-

mann und Schauspieler mit dabei. *Die Assyrer* gehört ins Genre des phantastischen Films und ist auf Aramäisch und Russisch gedreht.

Die heutigen Assyrer

Sie leben in verschiedenen Ländern des Vorderen Orients und in der Diaspora. Sie sind Christen, deren traditionelle Gottesdienstsprache das Aramäische ist und die unterschiedlichen Richtungen des Christentums angehören: syrisch-katholisch, russisch-orthodox oder nestorianisch. Sie selbst führen ihre Ursprünge zurück auf das antike Volk der Assyrer, das seit dem 2. Jahrtausend v. Chr. in Mesopotamien lebte.

Die Vorfahren der georgischen Assyrer wanderten aus dem türkisch-iranischen Grenzgebiet ein, teils zur Zeit des Königs Erekle II. Ende des 18. Jahrhunderts, teils Ende des 19. Jahrhunderts und während des 1. Weltkriegs, als sie – ebenso wie die Armenier – aus der Türkei fliehen mussten. Zur Zeit der Stalin-Repressionen 1937 wurden viele von ihnen nach Sibirien umgesiedelt, andere wurden nach dem 2. Weltkrieg nach Kasachstan und Sibirien deportiert. Heute leben rund 8.000 Assyrer in Georgien, weltweit gibt es etwa drei Millionen. Sie sprechen verschiedene Dialekte des Ost-Neuaramäischen, einer semitischen Sprache.

14   BAIA PUTURIDSE
112—117

Fast ein halbes Jahrhundert – bis zu ihrem 79. Lebensjahr – unterrichtete Baia Puturidse Georgisch und Literatur am renommierten Ersten Gymnasium auf dem Rustaweli-Boulevard. Seitdem Russisch als Verkehrssprache abgeschafft und überall im öffentlichen Raum Englisch eingeführt wurde, heißt es nun *Tbilisi Classical Gymnasium*. Es wurde 1802 als höhere Lehranstalt für den Nachwuchs der Adeligen gegründet und 1871 in ein klassisches Gymnasium umgewandelt. Bis heute genießt es einen besonderen Ruf und viele seiner Absolventen wurden bekannte Persönlichkeiten. Ende der Siebzigerjahre war die heutige stellvertretende Ministerin für Kultur und Denkmalschutz, Marine Mizandari, Schülerin von Baia Puturidse. Wie viele andere der ehemaligen Schüler und Schülerinnen besucht auch sie bisweilen ihre alte Lehrerin.

Baia Puturidses Welt ist die Literatur, die Lyrik, das Theater, die Oper, das Ballett. Voll Wehmut denkt sie zurück an die Zeit, als man sich auf dem von alten Bäumen gesäumten Rustaweli-Boulevard traf: einem lebendigen Ort, an dem man den berühmten Persönlichkeiten des Kulturlebens begegnete, wo man hinging um Schiller- und Shakespeare-Aufführungen im Theater zu sehen oder die neuesten Operninszenierungen zu diskutieren.

Zwar gibt es immer noch Theater, Oper, Museen und Kinos auf dem Rustaweli-Boulevard – aber sein Flair hat er eingebüßt: Er ist zu einer vierspurigen Stadtautobahn geworden, die nur ein Lebensmüder zu Fuß überqueren würde. Alle anderen müssen gefühlte 500 Meter bis zur nächsten ungemütlichen und düsteren Unterführung gehen, wenn sie die Straßenseite wechseln wollen. Von ihren geliebten Büchern – und von ihrer Vergangenheit – ist Baia Puturidse auch jetzt noch umgeben. In ihrer Bibliothek findet man eine Menge persischer und türkischer Literatur: Ihr Schwiegervater war ein renommierter Spezialist für persische Literatur, ihr Mann Dekan der Fakultät für Orientalistik mit dem Fachgebiet türkische Literatur. Ihre Schwiegermutter, eine Archäologin, war an der Ausgrabung der hellenistischen Siedlung Vani in West-Georgien beteiligt.

Anders als heute üblich, beginnt Baia Puturidse nicht gleich nach dem Studium zu arbeiten, sondern sie heiratet und kümmert sich neun Jahre lang um ihre Kinder. Für ihre tradtionell eingestellte Familie wäre es undenkbar gewesen, die kleinen Kinder in die Obhut anderer zu geben.

Als sie dann als Lehrerin anfängt, erweist sich ihr Beruf als wahre Berufung: „Wir hatten zwar nie viel Geld, aber diese Dinge haben uns nie gekümmert. Einen interessanteren und sinnvolleren Beruf kann ich mir nicht vorstellen. Immer habe ich überlegt, wie ich meinen Unterricht noch besser gestalten könnte und was ich meinen Schülern am nächsten Tag nahebringen möchte. Ich habe meine Schüler geliebt. Die Schule war mein Leben und wenn ich heute noch mal von vorn beginnen würde – ich würde wieder Lehrerin werden."

Auch in den Zeiten, als direkt vor der Schule auf dem Rustaweli-Boulevard demonstriert wurde, kamen die Kinder in die Schule. Als es keinen Strom gab, gingen sie kilometerweit zu Fuß, und als die Schule gebrannt hatte, lernte man in einem Ausweichquartier. Auch als alles geschlossen war und nichts mehr funktionierte, erschienen die Kinder zu ihrer Abschlussprüfung. Der Unterricht und die Bildung, das waren Dinge, die immer absolute Priorität hatten.

Auch ihre beiden Eltern waren Lehrer: Ihre Mutter war Professorin für Russisch am Gymnasium und ihr Vater Deutschlehrer. Sie muss jedoch ohne ihn aufwachsen: Er wurde 1927 in der Stalin-Zeit nach Sibirien verbannt. Baia ist damals erst ein Jahr alt. 1937 wird er entlassen, zwei Monate später jedoch wieder festgenommen und zurück nach Sibirien geschickt. Dort verbringt er noch einmal zehn Jahre. 1946 lässt man ihn endgültig frei. Es ist noch die Stalin-Zeit und er hat Angst nach Georgien zurückzukehren und vielleicht unter einem Vorwand aufs Neue verbannt zu werden. Deshalb taucht er in einer entlegenen Ortschaft in Usbekistan unter und unterrichtet dort Deutsch. Selbst in Usbekistan hätte er es nicht gewagt, sich in der Hauptstadt niederzulassen. Als ihr Vater schließlich endgültig nach Tbilissi zurückkommt, ist Baia 30 Jahre alt. Den Rest seines Berufslebens unterrichtet er Deutsch an der Universität.

Baia Puturidse weiß bis heute nicht, warum ihr Vater verbannt wurde. Zwar teilte er die Ziele der Roten Revolution nicht, aber er war weder radikal noch in der Opposition. „Zigtausende wurden damals verschleppt und umgebracht, darunter die brillantesten Köpfe – es war die Tragödie des Jahrhunderts."

Wenn sie heute darüber nachdenkt, was im jetzigen Georgien anders ist als zur Sowjetzeit, dann fällt ihr vor allem eins ein: „Die klassische Literatur und Bücher ganz allgemein haben ihren Stellenwert verloren. Die Kinder und jungen Leute lesen nicht mehr. Das ist das Hauptproblem. Schlechte Zeiten haben wir schon oft erlebt, wir hatten kein Geld, es war Krieg – aber wir lasen Bücher, das gab uns Freude und die Kraft, das Leben zu bewältigen."

Jahrelang war es ja offizielle Politik, dass jeder im Ausland studieren soll, meint sie. „Natürlich ist es gut, wenn man ins Ausland geht und dort etwas Neues lernt. Aber wenn nur die Besten und Zahlungskräftigsten im Ausland studieren können, werden wir diejenigen verlieren, die früher die Bildungselite Georgiens waren."

Der Rustaweli-Boulevard heute:
Vor dem ehemals Ersten Gymnasium – heute heißt es *Tbilisi Classical Gymnasium* – stehen wie eh und je Ilia Tschawtschawadse und Akaki Zereteli auf ihrem Podest. Beide

waren Ende des 19. Jahrhunderts große moralische und intellektuelle Autoritäten. Schon Tschawtschawadse legte sein Abitur an diesem Gymnasium ab. Er war Dichter, Dramaturg und Journalist und gilt – ebenso wie der Dichter Akaki Zereteli – als eine der Leitfiguren der georgischen Nationalbewegung.

Nicht weit davon entfernt, auf der gegenüberliegenden Straßenseite, steht das ehemalige IMELI, das Marx-Engels-Lenin-Institut, 1934-38 erbaut aus Marmor, der dem armenischen Friedhof in Tbilissi entnommen wurde. Friedhof und Kirche waren 1934 zerstört worden – auf Befehl von Lawrenti Beria, dem berüchtigten Geheimdienstchef zur Stalin-Zeit. Heute soll dort das *Rustaveli Hotel Kempinski Tbilisi* entstehen, wobei – wie das deutsche Architekturbüro schreibt – „die wesentlichen architektonischen Elemente des von Alexey Shusev entworfenen historischen Gebäudes... respektvoll mit neuen Bauelementen kombiniert werden". Seit dem Verkauf an die Investoren im Jahr 2006 hat sich dort jedoch nicht viel getan. Nicht alle sehen die Pläne der Investoren positiv: „Rettet dieses Gebäude!" „Gebäude schaffen Erinnerung!" steht groß am Bauzaun.

Am anderen Ende des Rustaweli-Boulevards, nahe dem Freiheitsplatz, hat ein anderes Hotel die Zeitläufte überstanden: Das heutige Marriott Hotel. Sein Gemäuer ist hundert Jahre alt. In der Sowjetzeit hieß es noch Hotel Tbilissi und galt als das größte und komfortabelste Hotel der ganzen Sowjetunion. Ein paar Schritte weiter befinden sich das Rustaweli-Theater und die Staatliche Rustaweli-Universität für Theater und Kino.

Auch wenn sich hier das intellektuelle Leben Tbilissis nicht mehr im gleichen Stil abspielt wie zu Baia Puturidses Zeit – ein wenig Platz für Kultur und Eleganz ist immer noch auf dem Rustaweli-Boulevard: Neben der kanadischen Botschaft gibt es in *Prospero's Books & Caliban's Coffeehouse* – außer Hörweite des rauschenden Verkehrs auf dem Boulevard – englischsprachige und georgische Bücher zu kaufen und ein gemütliches Café.

Nicht weit davon, gegenüber vom Staatlichen Paliaschwili-Theater für Oper und Ballett, das seit 2009 von Grund auf renoviert wird, findet man die üblichen Luxusgeschäfte – wie überall auf den Edelmeilen heutiger Metropolen.

15 DATO SURABISCHWILI & CHATUNA KOPALEISCHWILI
118–123

Als im Jahr 2003 nach den lähmenden Schewardnadse-Jahren der junge Micheil Saakaschwili mit seinem Oppositionsbündnis einen Regierungswechsel erreichte, weckte diese Rosenrevolution bei den Bürgern großen Optimismus. Zu den Mitstreitern in der Rosenrevolution gehörten auch verschiedene Intellektuelle wie etwa der Schriftsteller Dato Turaschwili sowie Bürgerrechtsorganisationen wie das Freiheitsinstitut, an dessen Gründung Dato Surabischwili maßgeblich beteiligt war.

Die Gründung des Freiheitsinstituts reicht zurück ins Jahr 1996, als sich Dato Surabischwili und andere Bürgerrechtsaktivisten zusammentaten, um für Presse- und Rundfunkfreiheit, für religiöse Minderheiten, gegen Polizeiübergriffe – kurz: für den Rechtsstaat einzutreten. Die meisten Mitarbeiter des Instituts wurden im Zuge der Rosenrevolution ins Parlament gewählt oder übernahmen Posten in der neuen Regierung. Dato Surabischwili war bereits als Menschenrechtsaktivist sehr bekannt, so dass er – obwohl parteilos – direkt ins Parlament gewählt wurde und dort stellvertretender Fraktionsvorsitzender war.

Allerdings nicht lange – schon bald nahm die neue Regierung immer mehr autoritäre Züge an. Nach Skandalen und massiven Willkürmaßnahmen wollte Dato Surabischwili sie nicht länger unterstützen. Damit war er nicht allein: Nach und nach wechselten viele Mitstreiter der ersten Stunde zur Opposition. Surabischwili wurde ihr Fraktionsvorsitzender.

Die „Strafe" ließ nicht lange auf sich warten: Dato „wurde eine längst erteilte Baugenehmigung entzogen, er konnte sein Haus nicht fertig bauen und geriet in finanzielle Schwierigkeiten. Seine Frau Chatuna meint: „Solche Fälle gab es viele. Wir sind immerhin am Leben geblieben. Dato war bekannt, ihm konnte man nicht so viel anhaben. Doch all die Jahre hatte ich große Angst. Viele wurden einfach verhaftet, sie gingen morgens aus dem Haus und kamen abends nicht wieder. Solche Willkür kannten wir nicht. In der Breschnew-Zeit herrschte zwar ein Sumpf, aber wir konnten unsere Meinung sagen. Saakaschwili baute nur eine demokratische Fassade auf, um dem Westen zu imponieren."

2007 tritt Dato in die Republikanische Partei ein, die sich für die Wahlen 2012 mit anderen Gruppierungen zum *Georgischen Traum* von Bidsina Iwanischwili zusammenschließt. In den frühen Neunzigerjahren war er in der Sowjetunion zum Milliardär geworden. Vor seiner Kandidatur 2012 galt er als geheimnisumwitterter, anonymer Mäzen und Wohltäter, der im ganzen Land Krankenhäuser und Kulturdenkmäler renovieren ließ.

Bei seiner Kandidatur versprach er, höchstens zwei Jahre im Amt zu bleiben, denn sein einziges Ziel sei, Georgien auf einen demokratischen Weg zu bringen. Dieses Versprechen hat er mit seinem Rücktritt Ende 2013 schon vorzeitig eingelöst.

Dato und Chatuna lernen sich kennen, als Chatuna von Ost-Berlin zurückkehrt, wo sie von 1977 bis 1981 an der Humboldt-Universität Germanistik studierte. Beide arbeiten im Kollegium für Übersetzungen und Literatur. Nach dem Zusammenbruch der Sowjetunion ist hierfür kein Geld mehr da. Nun wird Dato selbst verlegerisch tätig: Er gründet *Argument,* ein Magazin für Politik – die Keimzelle des späteren Freiheitsinstituts.

Chatuna wird Deutschlehrerin an einer deutschen Schule, die 1982 von jungen Leuten gegründet worden war, die wie sie in der DDR studiert hatten. Sie hatten ein modernes Konzept: eine freie und offene Beziehung mit den Kindern – von Komsomol und Jungen Pionieren wollten sie nichts wissen. Außerdem übersetzt sie deutschsprachige Autoren wie Kafka, Schnitzler und Musil ins Georgische.

Dass Chatuna sich für ein Germanistikstudium entschied, lag an ihrer *Tante.* Wie so viele Georgier wurde sie als Kind von einer deutschstämmigen Frau betreut. Die Vorfahren dieser *Tantes* waren Anfang des 19. Jahrhunderts aus dem Württembergischen vor religiöser Verfolgung geflohen. Sie gründeten in Georgien Dörfer wie Katharinenfeld, das heutige Bolnisi, bauten sie als genaues Abbild ihrer Heimat und pflegten Fleiß und Sparsamkeit.

1941 ließ Stalin die Kaukasiendeutschen nach Sibirien und Kasachstan deportieren. Nur Frauen, die den Namen ihres georgischen Ehemanns trugen, blieben unentdeckt. Jahre später waren sie als Gouvernanten sehr begehrt: Eine *Tante* kam ins Haus und sang mit den Kindern deutsche Lieder, las ihnen deutsche Märchen vor und sprach nur Deutsch mit ihnen.

1989 heiraten Dato und Chatuna, 1990 und 1991 kommen ihre Kinder Giorgi und Anastasia zur Welt – gerade als der Bürgerkrieg herrschte. Chatuna erzählt: „Wir hatten einen Holzofen gekauft, der Rauchabzug ging durch das Fenster. Wir heizten nur dieses eine Zimmer, am Abend saßen wir hier alle zusammen: meine Eltern, meine unverheiratete Tante, mein Bruder und unsere kleinen Kinder. Ihnen war langweilig und da hat Dato ihnen Geschichten erzählt, jeden Abend etwas Neues. Als dann 1996 ein Kinderbuch-Wettbewerb ausgeschrieben wurde, sagte ich zu Dato: ‚Schnell! Du musst dich bewerben!' Er schaffte es, das Buch in zwei oder drei Wochen zu schreiben – und bekam den ersten Preis, 1.000 Dollar! Das war zu dieser Zeit sehr viel Geld. *Reise ins Traumland oder die merkwürdigen Abenteuer von Giorgi und Anastasia* war sehr erfolgreich und wurde sogar neu aufgelegt."

Viel Zeit ist seit damals vergangen. Heute ist Dato Assistent des Parlamentspräsidenten unter der von Iwanischwili zusammengestellten Regierung. Es sieht so aus, als ob in Georgien nun die Zivilgesellschaft entsteht, für die Dato sich so viele Jahre lang eingesetzt hat.

16 GAGA NACHUTSRISCHWILI
124—129

„Seit meiner Kindheit schreibe ich – es ging mir nicht darum, damit Geld zu verdienen oder berühmt zu werden. Es war einfach das, was ich am liebsten tat."

Dennoch entschied er sich, Geschichtslehrer zu werden. Erst Mitte der Neunzigerjahre wird das Schreiben zu seinem Hauptberuf. „In meinem Leben hätte es auch andere Möglichkeiten gegeben, aber ich trauere ihnen nicht nach."

So hatte er als Student beispielsweise einige Monate in Deutschland am Goethe-Institut Deutsch gelernt. Vielleicht hätte er länger bleiben, vielleicht sogar dort studieren können. „Aber es war die Zeit des Abchasien-Kriegs, viele Männer in meinem Alter starben damals, auch sehr gute Freunde von mir. Der Gedanke, so weit weg zu sein, war mir unerträglich. Deshalb kehrte ich zurück, obwohl das Leben in Georgien damals sehr schwer war."

Gaga könnte heute auch Archäologe sein: Im Geschichtsstudium war das sein Schwerpunkt. Aber als er es 1993 abschließt, ist Bürgerkrieg – für Archäologen gab es damals keine Arbeit und als die Lage endlich besser wird, hat er längst den Anschluss an diesen Beruf verloren. Im Rückblick bedauert er das nicht: „Es wäre schade, wenn ich tatsächlich Archäologe geworden wäre. Im Gegensatz zur Literatur, die mich mein Leben lang begleitet hat, war die Archäologie nie meine Leidenschaft."

Seit vielen Jahren hat Gaga Nachutsrischwili gute Kontakte zu Schriftstellern im Ausland: in die Ukraine, nach Litauen, in die USA, nach Deutschland und Russland. Freunde übersetzen seine Werke in verschiedene Sprachen. In der Ukraine, in Aserbaidschan und in Russland werden seine Gedichte regelmäßig in Zeitungen und Zeitschriften veröffentlicht. Sie erscheinen auch in Anthologien mit internationalen Autoren.

„Meine Texte und Gedichte sind ganz unabhängig voneinander. Aber das zu Grunde liegende Thema, das mich – und wahrscheinlich jeden Schriftsteller – immer beschäftigt, ist, mich selbst und das Wesen der anderen Menschen zu erkennen, also das, was den Menschen ausmacht, seine Natur. Dieser Weg ist wie ein langer Tunnel und alle gehen durch diesen Tunnel. Manche bleiben darin stecken, andere gehen hindurch, je nachdem wie sie sich entwickeln. Die Natur des Menschen konnte noch niemand so ganz erkennen. Es gibt viele philosophische und psychologische Ansätze, aber keine Normen oder Gesetze, die das wirklich erklären können. Gerade deshalb ist es so interessant."

Seit Mitte der Neunzigerjahre schreibt Gaga Nachutsrischwili kontinuierlich: Gedichtbände und literarische Skizzen, Märchen sowie dokumentarische Prosa über die Erlebnisse, die seine Generation in ihrer Kindheit und Jugend geprägt haben.

„Es ist kein geschlossenes literarisches Werk, es sind keine Memoiren, sondern literarische Skizzen. Memoiren würde ich sowieso nie schreiben – alles was ich zu sagen habe, schreibe ich jetzt und in meinen Gedichten."

18 MAKA ALIOGLU
144—151

Maka Alioglu arbeitet beim Deutschen Volkshochschul-Verband International, dem *dvv international*, in Tbilissi als Projektleiterin für die Türkei und Aserbaidschan. Der Verband engagiert sich weltweit in der Erwachsenenbildung nach dem bewährten Modell der Volkshochschule. Im Kaukasus und der Türkei kooperiert er mit lokalen Institutionen und ist vor allem dort aktiv, wo die Menschen den Zugang zu beruflicher Weiterbildung dringend brauchen, um in die Gesellschaft integriert zu werden. Maka Alioglu ist aserbaidschanischer Herkunft und Muslimin – und sie ist eine außergewöhnliche aserbaidschanische Georgierin.

In der Altstadt von Tbilissi gehen seit Jahrhunderten die Viertel der Moslems, Christen und Juden ineinander über. Die Kirchen der georgisch-orthodoxen und der armenisch-gregorianischen Gemeinde, die sephardische und die aschkenasische Synagoge und die sunnitische Moschee stehen hier auf engstem Raum. An den orientalischen Lebensstil erinnern auch manche der eher touristischen Lokale am Meidan-Platz.

Georgien ist traditionell ein multiethnisches Land. Im osmanischen, zaristischen und sowjetischen Reich waren die Grenzen im Südkaukasus durchlässig – muslimische Aserbaidschaner, christliche Armenier und Georgier, aber auch andere Gruppen wie Juden, Kurden, Aramäer, Russen, Griechen und Kaukasien-Deutsche konnten sich freizügig ansiedeln.

Nach dem Zerfall der Sowjetunion, der Bildung von Nationalstaaten und in den folgenden instabilen Neunzigerjahren wanderten viele Menschen ins Ausland ab – besonders Angehörige von Minderheiten. So verließen beispielsweise fast 90 Prozent der Juden ihre georgische Heimat.

Ethnische Aserbaidschaner bilden heute etwa sechs Prozent der Gesamtbevölkerung. In manchen Regionen Georgiens leben sie in großen aserbaidschanischen Gemeinden. Aus einer solchen Gegend stammt Maka Alioglus Familie. Als ihr Vater in den Polizeidienst eintrat, wurde er jedoch mit seiner Familie in die nahe gelegene Stadt Gori versetzt, wo sie die einzige muslimische Familie waren.

So kam es, dass Maka in eine georgische Schule ging und zugleich mit Aserbaidschanisch und Russisch aufwuchs. Damit hatte sie schon einen großen Vorsprung: Leute aus überwiegend aserbaidschanischen Gegenden sprechen meist nicht gut Georgisch, sondern nur Russisch und/oder Aserbaidschanisch, einer eng mit dem Türkischen verwandten Sprache. In der Schule werden sie zwar in ihrer Muttersprache und ihrer eigenen Kultur unterrichtet – was aber lange auch ein Nachteil war: Ohne perfekte Georgischkenntnisse konnten sie nicht an eine georgische Hochschule gehen. Wer an die Uni wollte, musste nach Aserbaidschan gehen und erwarb dort Diplome, die wiederum in Georgien nicht anerkannt waren. Seit 2007 gibt es daher in Georgien eine neue Regelung für ethnische Minderheiten: Sie besuchen die Grund- und Sekundarschule in ihrer Muttersprache und können in einem weiteren Schuljahr intensiv Georgisch lernen, um danach an die Hochschule zu wechseln. Das Studium ist dadurch für sie viel attraktiver geworden.

Maka begann ihr Studium in ihrer Heimatstadt Gori: Fremdsprachen und Literatur. Im Jahr 2006, damals war sie 21, wurde sie in ein einjähriges Austauschprogramm an der Universität Ohio aufgenommen. „Meine vier Tanten und meine Großmutter waren entsetzt – ich könnte ja dort heiraten oder auf die schiefe Bahn geraten. Sie beknieten meinen Vater, mich nicht gehen zu lassen. Ich sollte hier bleiben, heiraten und Kinder bekommen. Sie hatten auch schon passende Kandidaten ausgesucht, die sie meinem Vater vorschlugen." Aber Maka konnte sich auf ihren Vater verlassen. Er widersprach: „Ich habe gesehen, wie ernst sie die Schule und ihr Studium genommen hat. Um das USA-Stipendium hat sie sich ganz allein gekümmert, ich muss keinen Cent dazuzahlen. Und wenn sie dort bleibt, ist es auch okay, dann gehe ich mit. Aber wenn sie zurückkommt, wird sie eine gute Zukunft haben. Maka wird gehen."

Maka ist klar, dass diese Reaktion für aserbaidschanische Väter nicht typisch ist: „Sicher waren meine Eltern auch stolz darauf, dass ich als einzige Vertreterin einer Minderheit ausgewählt wurde."

Nach der Rückkehr aus den USA im Jahr 2007 macht sie als einzige Aserbaidschanisch-stämmige ihren Master an der privaten *University of Georgia* in Tbilissi. Parallel dazu ist sie zeitweise Assistentin des Rektors und Assistentin im *Friendship House for Azerbaijan and Georgia*. In dieser Funktion betreut sie Delegationen aus Aserbaidschan sowie Musiker aus Georgien, die zusammen mit aserbaidschanischen Kollegen in Baku ein Konzert gaben - für Maka Alioglu ein Engagement mit vielen wertvollen Erfahrungen. Nun bittet das amerikanische *Peace Corps* sie, Freiwillige, die in der Region arbeiten sollten, in Georgisch und Aserbaidschanisch zu unterrichten. Drei Sommer lang hält sie diese Kurse. Parallel dazu arbeitet sie im *European Center for Minority Issues* in Tbilissi. Die Organisation, die in Flensburg beheimatet ist, setzt sich für die Verbesserung der Situation der Minderheiten in Europa ein. Makas Aufgabenbereich wächst.

Bald schon ist sie die Assisstentin des Regionalleiters. 2008 bewirbt sie sich für ein halbjähriges Praktikum bei den Vereinten Nationen in New York und wird angenommen.

Als sie Anfang 2009 von New York zurückkommt, wird sie umgehend von der aserbaidschanischen Botschaft angefragt: Zusammen mit SOCAR der *State Oil Company of Azerbaijan Republic,* war eine aserbaidschanische Handelskammer gegründet worden. Maka bringt alle beruflichen Voraussetzungen mit, um im Rahmen dieses Forums zwischen den aserbaidschanischen Firmen und Georgien zu vermitteln.

2012 wechselt sie zum *dvv international* in Tbilissi, von wo aus sie die *dvv*-Zentren in Aserbaidschan und der Türkei betreut – Zentren in denen Binnenflüchtlinge oder Minderheiten leben. Maka Alioglu liebt ihre Arbeit beim *dvv*. Sie empfindet ihre gute Ausbildung und die vielen Chancen, die sie hatte, als Verpflichtung: Langfristig strebt sie ein öffentliches Amt an, denn sie will das Stereotyp in der georgischen Gesellschaft widerlegen, dass die aserbaidschanischen Georgier keine Bildung haben.

„Es stimmt, dass unsere Minderheit in Georgien nicht so gebildet ist wie die Georgier. Aber das muss nicht so sein und ich bin ein Beispiel dafür. Ich war immer gut integriert, weil ich fließend und akzentfrei Georgisch spreche. Das allein reicht jedoch nicht. In diesem Land muss man mehr als eine Sprache fließend sprechen. Und wie überall muss man sich durchsetzen können. Ich möchte gerne die aserbaidschanischen Georgier und vor allem die Frauen motivieren, ihre Lage zu verbessern."

---

19   EKA LESCHAWA
152—161

Eka wohnt im Stadtteil Saburtalo in einer Gegend, die ursprünglich – in den Zwanzigerjahren vermutet Eka – eine Künstlerkolonie war. Maler und Bildhauer bekamen dort Grundstücke, wo sie bauen konnten. Heute erinnern nur noch die individuelle Architektur und die großen Atelierfenster daran.

Das Haus, in dem Eka mit ihrem Mann und den drei Kindern wohnt, kaufte ihr Schwiegervater Mitte der Achtzigerjahre. Von ihm stammt auch die Einrichtung: alte, deutsche Möbel, die nach dem 2. Weltkrieg aus Deutschland in die Sowjetunion gebracht wurden. Ganz ähnliche Möbel stehen in Ekas Elternhaus, ein paar Häuser weiter, wo Ekas Vater und ihr Bruder mit seiner Familie wohnen.

Eka liebt alles Französische – eigentlich durch Zufall: An der Schule in ihrer Nähe war Französisch die Fremdsprache ab der zweiten Klasse. An anderen war es Deutsch oder Englisch.

Ihre Leidenschaft für diese Sprache und Literatur war geweckt und so entschied sie sich nach der Schule für das Französisch-Studium an der Staatlichen Iwane Dschawachischwili Universität. Ihre Eltern waren weniger begeistert. Sie rieten ihr, wie ihr Bruder Medizin zu studieren. Heute versteht sie ihre Eltern. „Eines Tages als schlecht bezahlte Lehrerin zu arbeiten, war nicht gerade meine Traumvorstellung."

Aber damals konnte man ohnehin keine großen Pläne machen. Ende der Achtzigerjahre nahmen die Auseinandersetzungen zwischen den kommunistischen Machthabern und der georgischen Nationalbewegung zu. In Tbilissi gab es fast jeden Tag Demonstrationen, nach dem Unterricht ging man auf die Straße, um dabei zu sein. Am 9. April 1989, Eka war noch Schülerin, wurde eine gewaltfreie Demonstration vor dem Regierungsgebäude von den Machthabern mit Spaten und Giftgas niedergeschlagen. 19 Menschen kamen dabei ums Leben – ein traumatisches Ereignis, das die Menschen in ihrem Wunsch nach staatlicher Unabhängigkeit nur noch bestärkte.

Im August 1992 begann der Abchasienkrieg – wenige Monate zuvor hatte Eka geheiratet. Viele junge Männer zogen in den Krieg, die meisten waren Freiwillige – junge Leute, die nicht einmal wussten, wie man ein Gewehr hält. Nicht wenige starben schon am ersten Tag. Viele von Ekas Schulkameraden kämpften in diesem Krieg und kamen nicht mehr zurück.

Auch ihr Mann will sich freiwillig melden. Aber sie ist schon schwanger und fleht ihn an zu bleiben. Er lässt sich umstimmen – zu ihrer großen Erleichterung. Als sie ihre Tochter zur Welt bringt, war das Land schon mitten in der Krise: Es gibt nur Kerzenlicht und kein warmes Wasser. Als sie 1997 ihren Sohn bekommt und vier Jahre später ihre zweite Tochter, hat sich die Lage beruhigt. Inzwischen hat sie auch beruflich ihren Weg gefunden.

Sie beginnt in einem Zentrum für technische Übersetzungen, das später der Wissenschaftlichen Bibliothek angegliedert wird. Dort übersetzt sie heute Webseiten aus dem Französischen ins Georgische. Ihre Aufgabe ist es, französische Online-Fachliteratur für Georgier zugänglich zu machen. Sie wählt relevante Webseiten aus und schreibt eine kurze Zusammenfassung auf Georgisch. Auf Nachfrage übersetzt sie dann den ganzen Text. Seit Russisch für jüngere Georgier nicht mehr zweite Muttersprache ist, ist der Bedarf an Übersetzungen ausländischer Fachliteratur ins Georgische groß. Der größte Teil des Bibliotheksbestandes ist immer noch auf Russisch, jedoch gibt es inzwischen auch englische und deutsche Fachliteratur und Zeitschriften.

In den Kellern der Bibliothek finden sich jedoch noch ganz andere Schätze, zum Beispiel *Von den letzten Worten Davids von D. Mart. Luther, Wittemberg, 1543*. Das Titelblatt trägt den Stempel der Lübeckschen Stadtbibliothek. Irakli Garibaschwili, der Leiter der Bibliothek, erklärt: „Bei Kriegsende wurden von der sowjetischen Armee viele Bücher aus Deutschland mitgenommen und in die Sowjetrepubliken verteilt. Seit einigen Jahren geben wir diese Bücher im Rahmen des Restitutionsprogramms zurück. Deutschland gibt uns dafür neue wissenschaftliche Bücher."

In der Bibliothek arbeitet Eka nur einen Tag in der Woche, an den anderen Tagen unterrichtet sie Französisch: An zwei Tagen wohlerzogene Kinder in Schuluniformen an der neuen Privatschule XXI. Jahrhundert, wo Französisch als dritte Fremdsprache nach Englisch und Russisch unterrichtet wird. Ihre zweite Wirkungsstätte als Französischlehrerin ist die Georgische Technische Universität. Doch hier hat sie nur wenige Studenten, meist Anfänger. „Ich hätte gern fortgeschrittenere und anspruchsvollere Studenten. Das würde zwar mehr Arbeit für mich bedeuten, aber es wäre viel befriedigender."

Englisch dominiert inzwischen alles und das Interesse an Französisch hat sehr nachgelassen. Entsprechend weniger Kurse hat Eka, was sich natürlich auf ihr Gehalt auswirkt.

„Ich bereue nicht, dass ich mich für Französisch entschieden habe, ich liebe es einfach und alles, was mit Frankreich zu tun hat. Leider werde ich schlecht bezahlt – wie alle Lehrer in Georgien."

Um ihre Praxis im Sprechen und die ihrer Schüler zu verbessern, hat sie Kontakt mit Französischlehrern im Ruhestand aufgenommen. Sie kommen einmal pro Woche ehrenamtlich in den Unterricht, wovon alle profitieren.

„Außerdem bemühe ich mich um ein Austauschprogramm, damit meine Schüler einige Zeit in Frankreich bei Familien verbringen können – so wie ich in meiner Jugend. Das war super! Zehn Tage in Paris und ein anderes Mal zehn

Tage in Nantes! Ich war jung, noch keine zwanzig. Das werde ich nie vergessen! So ein Erlebnis wünsche ich meinen Schülern."

20   TSITSO GOGOLADSE
162—171

Eigentlich wäre Tsitso Gogoladse am liebsten Fremdsprachenlehrerin geworden. Deutsch lernte sie schon in der Schule in Vardisubani, ihrem Heimatdorf in Kachetien. Aber mit dem Studium hat es nicht geklappt – um die Aufnahmeprüfung an der Fremdsprachenschule zu bestehen, musste man Beziehungen haben, denn schon damals in den Siebzigerjahren gab es viel Korruption. Es ergab sich schließlich, dass sie den technischen Zweig der Oberstufe besuchen und Buchhaltung lernen konnte – nicht ihr Traumberuf, aber sie war froh, dass sie eine gute Ausbildung bekam und darum ging es ihr vor allem.

1984 beginnt sie als Buchhalterin zu arbeiten und heiratet kurz darauf. Als ihr kleiner Sohn jeden Morgen herzzerreißend weint, wenn er in den Kindergarten soll, erlebt sie ein Dilemma, wie es Frauen überall auf der Welt vertraut ist: Kind oder Arbeit? Sie beschließt, ihre Stellung als Buchhalterin aufzugeben. Ein paar Jahre später tritt sie eine neue Stelle an, diesmal in einem Modehaus und in einer anderen Tätigkeit: Hier werden Kleider, Mäntel und Anzüge entworfen und genäht. Für Tsitso Gogoladse stellen sich die Weichen neu. Sie entdeckt, dass Nähen, das sie schon als Kind gern ausprobiert hatte, ihre eigentliche Begabung und Leidenschaft ist.

In den Neunzigerjahren schließt das Modehaus einen Vertrag mit deutschen Auftraggebern. Nun kommen die Stoffe und Schnitte aus Deutschland und Tsitso bekommt deutsche Vorgesetzte. Jetzt kann sie nicht nur ihre Sprachkenntnisse wieder auffrischen, die seit der Schulzeit in Vardisubani ein wenig eingerostet waren, sie lernt auch professionell zu nähen. Nach zwölf Jahren in dieser Firma beschließt sie, sich selbstständig zu machen. Nun näht sie zu Hause für ihre eigenen Kunden: Mäntel, Anzüge, Röcke – alles was gewünscht wird. Sie liebt ihren Beruf und an Kunden fehlt es ihr nie.

Ihr gleichaltriger Mann hat eine Ausbildung im Straßenbau, fand jedoch nie Arbeit in diesem Beruf. So begann er, georgische Souvenirs aus Metall herzustellen, kleine Schwerter und Schilde, Trinkgefäße und ähnliches. Aber der Verkaufserfolg hielt sich in Grenzen, so dass er das bald wieder aufgab. Heute hilft er vor allem mit, indem er bei seiner und der Familie seiner Frau im jeweiligen Heimatdorf in der Landwirtschaft mitarbeitet. Seit kurzem wird dort Wein angebaut, 2012 haben sie zum ersten Mal Trauben geerntet. Der Traubensaft wird eingedickt und zur Produktion von *Tschurtschchelas* verwendet. Das sind auf einen Faden aufgezogene Haseloder Walnüsse, die dann in die heiße, zähe Masse eingetaucht und zum Trocknen aufgehängt werden – eine sehr beliebte, typisch georgische Spezialität, die es überall zu kaufen gibt.

In der ebenerdigen Ein-Zimmer-Wohnung lebt die kleine Familie seit 27 Jahren, und genauso alt ist auch der Sohn, ein Techniker bei einem Internet-Provider. Wie in Georgien auch bei wohlhabenderen Familien üblich, lebt er selbst als junger Erwachsener weiterhin bei seinen Eltern. In diesem einen Raum hat Tsitso Gogoladse ihren Arbeitsplatz an der Nähmaschine und empfängt ihre Kunden, links und rechts von der Eingangstür stehen das Bett der Eltern und das des Sohns. Es ist immer noch genug Platz für die Vitrine mit Kristallgläsern, den Fernseher, eine Sitzecke und einen Esstisch. Alles ist liebevoll arrangiert und penibelst aufgeräumt.

Ihre Wohnung ist Teil von einem so genannten italienischen Hof: Typische Holzgalerien verbinden im ersten Stock die Nachbarwohnungen miteinander und schaffen eine sehr familiäre Atmosphäre. Der Wohnraum der Gogoladses geht direkt hinaus ins Freie, auf den Innenhof, wo die Nachbarn ihre Wäsche aufhängen oder etwas reparieren und wo sich Hühner, Hunde und Katzen tummeln – ein Gefühl wie auf dem Land. Der Komfort ist nicht groß, deshalb werden immer mehr traditionelle Häuser dieser Art abgerissen – vor allem in einem „Viertel mit Zukunft" wie diesem, das unter Stadtplanern als profitabel gilt. Die bisherigen Bewohner können häufig dennoch in ihrer angestammten Gegend bleiben. Sie bekommen eine gleichgroße Wohnung zugewiesen, zum selben Preis, aber moderner ausgestattet – ein Prinzip, das sich noch aus sozialistischen Zeiten gehalten hat, zum Vorteil der Bewohner.

21   KOKA RAMISCHWILI
172—177

„Vielleicht klingt es ja naiv. Aber über die moderne Kunst können alle miteinander kommunizieren: Anarchisten, Marxisten, Demokraten, Konservative, Progressive – mit der modernen Kunst schaffen wir eine neue Sprache. Ich verstehe den Künstler aus Brasilien und er versteht mich."

Koka spricht dabei aus eigener Erfahrung: Schon Ende der Achtzigerjahre nimmt er an Gruppenausstellungen in Ungarn und Berlin teil. Damals zeichnet sich der Umbruch in der Sowjetunion bereits ab und das Interesse im Westen an kulturellem Austausch wächst.

Der wirkliche Durchbruch kommt, als er den Aktionskünstler Wolfgang Flatz kennen lernt. Aus der Freundschaft mit ihm entwickeln sich gemeinsame Projekte. „Die Begegnung mit Flatz war entscheidend für meine persönliche und künstlerische Entwicklung. Von 1990 bis 1994 durfte ich in seinem Atelier in München arbeiten. Der Westen war neu für mich. Und von Flatz habe ich viel gelernt."

Es folgen eine Reihe von Einzel- und Gruppenausstellungen. Um nur einige zu nennen: 1991 wird Koka Ramischwili zu einer großen Einzelausstellung ans Haus der Kulturen der Welt in Berlin eingeladen. 1996 bis 1998 ist er Stipendiat der Akademie Schloss Solitude. Er vertritt 2002 die Schweiz und 2009 Georgien auf der Biennale von Venedig. Anfang der Neunzigerjahre beginnt die Zusammenarbeit mit Häusler Kulturmanagement in München, die bis jetzt andauert. Von Februar bis Mai 2014 zeigt Häusler Contemporary Zürich seine Einzelausstellung *Radiance*.

Aber Koka verliert nie den Kontakt zu seinen Wurzeln. 2012 nimmt er in Tbilissi an der Ausstellung *Reframing the Eighties* teil – für das Plakat zur Ausstellung wurde sein bekanntes Bild *ego* gewählt. Es ist ihm wichtig, jedes Jahr einige Monate in seiner Heimat zu verbringen: „Meine Arbeit und meine Herangehensweise haben etwas mit diesem Land zu tun, es gibt mir Energie. Ich habe hier eine Wohnung, ein Stück Land, viele Freunde, und fahre gern ans Schwarze Meer. Ich unterrichte am *Center of Contemporary Art*, das ein guter Freund von mir, Wato Tsereteli, hier gegründet hat. Außerdem engagiere ich mich für die Zusammenarbeit zwischen der Kunsthochschule Genf und der Kunstakademie Tbilissi. Nach Genf werde ich schon allein wegen meiner Schweizer Frau immer zurückkehren. Sie ist gebürtige Georgierin, wohnt aber schon seit fast vierzig Jahren in der Schweiz. So lebe ich in zwei Welten, beide sind mir sehr wichtig. Emigration war nie eine Option für mich."

In zwei Welten hat er schon als Kind gelebt: Seine Mutter ist Estin und er war in seiner Jugend oft in Tallin. Damals waren Estland und Georgien Teil eines einzigen großen Landes und es war ganz normal, innerhalb der Sowjetunion zu reisen. Aber Estland galt als besonders modern – der Einfluss von Skandinavien war groß – und es lebten viele Ausländer dort. Das war sozusagen Kokas erster Kontakt mit der freieren Denkungsart des Westens.

„In den letzten zwanzig Jahren glich das Leben in Georgien einer Achterbahn. Natürlich hatten wir hier etwas größere Probleme zu lösen als vielleicht das Baltikum. Meiner Meinung nach hat das aber sehr viel mit den Menschen selbst zu tun, wie sie in bestimmten Situationen reagieren. Die Georgier sind sehr emotional, sie neigen zum Dramatisieren. Was hier passiert, ist so, weil wir sind, wie wir sind – nicht wegen der anderen.

Die Situation nach dem Zusammenbruch der Sowjetunion war überall gleich – das war ein gewaltiger Schock für viele Millionen Menschen. Es war ein großes Land, ihre Heimat, und den meisten ging es nicht wirklich schlecht. Sie wollten Veränderungen, sie wollten Kritik äußern können, aber sie wollten keine so radikalen Umbrüche. In mancher Hinsicht ging es ja zu wie am Anfang der Oktoberrevolution. Aber Revolution hat für mich nichts Positives, wir brauchen eine Evolution. Das ist viel kraftvoller, viel sinnvoller. Evolution zerstört nicht das Leben der Menschen."

---

22 TSISSA TSCHOLOKASCHWILI
178—187

Mit fünf Jahren stand für sie fest: Sie wird Balletttänzerin. Wenn sie heute ihre beiden kleinen Kinder sieht, dann erschrickt sie beinahe: Mit fünf Jahren! So früh! Aber sie hatte damals schon ihre Entscheidung definitiv getroffen. In diesem Alter beginnt sie auf der Virsaladze Kunstschule. Dort wurde Malerei, Musik und Ballett unterrichtet. Nach einem Jahr musste man sich für eine Richtung entscheiden. Tsissa zögerte nicht einen Moment.

Anschließend, mit neun Jahren, setzt sie ihre Ausbildung fort: an der renommierten *V. Chabukiani Tbilisi Ballet Art State School*.

Im sowjetischen Georgien stand der Balletttanz unter dem Einfluss der Moskauer Schule, die für ihr klassisches Ballett berühmt war. Alle Lehrerinnen waren aus Moskau, man sprach nur Russisch.

Mit 18 war Tsissa bereits Balletttänzerin, dann

Solistin und schließlich führende Solistin am Staatlichen Paliaschwili-Theater für Oper und Ballett.

Es war die Zeit ohne Strom. Sie übten mit Handschuhen und dicken Jacken. In diesem Beruf hat man keine Wahl: Jede Unterbrechung ist ein Rückschritt. Bei den Aufführungen machten sie oft Witze: „Auf der Bühne sind wir mehr Leute als im Publikum" – da saßen vielleicht nur acht Leute und auf der Bühne tanzte die ganze Truppe. Das Gehalt war sehr gering. Statt Tee trank man heißes Wasser und zu essen gab es nur Kartoffeln. Genau zu dieser Zeit tut sich für Tsissa Tscholokaschwili eine große Chance auf: Die georgische Primaballerina Nino Ananiaschwili – heute künstlerische Leiterin des Georgischen Nationalballetts und Superstar der internationalen Ballettszene – schlägt ihr damals vor, zu ihr nach Moskau an das Bolschoi-Theater zu kommen. Allerdings hätte Tsissa selbst für alle Kosten aufkommen müssen. Diese Mittel hat weder sie noch ihre Familie und so bleibt sie in Tbilissi. Aber die Zeiten werden auch wieder besser: Mehrmonatige Gastspielreisen führen sie nach Japan, China, in die USA, England, Russland und viele andere Länder. Sie tanzt die Hauptrollen unter anderem in Schwanensee, Nussknacker und hat führende Rollen in Choreografien von George Balanchine in Stücken von Tschaikowski, Strawinski und Donizetti.

Mit Mitte dreißig und nach der Geburt von zwei Kindern tritt sie immer noch auf der Bühne auf. Während sie beruflich sehr erfolgreich ist, erlebt sie privat einen schweren Schlag: 2011 wird bei ihrem Mann, einem Tänzer von georgischem Volkstanz, ein Gehirntumor diagnostiziert, er stirbt innerhalb eines Monats. Sie bleibt zurück mit einer zweijährigen Tochter und einem neun Jahre alten Sohn.

Beruflich orientiert sich Tsissa neu. Zwar tritt sie nach wie vor auf der Bühne auf, doch nun bildet sie auch junge Tänzerinnen aus. Pädagogische Erfahrung hat sie, da sie schon seit zehn Jahren Kinder unterrichtet. Profis zu unterrichten ist aber viel einfacher, denn Tänzerinnen sind es gewohnt, einander zu korrigieren.

Sie betreut jetzt drei Japanerinnen, die eine einjährige Fortbildung in Tbilissi machen. Sie wurden bei einem Casting ausgewählt, das in Tokio stattfand anlässlich eines Gastspiels von Nino Ananiaschwili, die in Japan besonders verehrt wird.

Die drei Gewinnerinnen – zwei von ihnen haben bereits in Moskau volontiert – werden neben ihrer Fortbildung in Tbilissi auch auf der Bühne auftreten. Für Tsissa ist es eine große Verantwortung: Dieser Aufenthalt muss ein Erfolg werden – davon hängt ab, ob das Fortbildungsprogramm weiterhin stattfinden wird. „Auf der Bühne habe ich alles erreicht, ich habe in meinem Metier alles verwirklicht. Ich denke, man muss sich da engagieren, wo man über das Bekannte hinausgehen kann. Jetzt gebe ich mein Wissen weiter. Es freut mich, zu sehen, wie die Mädchen sich entwickeln und immer ausdrucksstärker werden."

Längerfristig möchte sie Regisseurin werden: „Da kann ich noch etwas Neues lernen. Deshalb arbeite ich schon seit einem Jahr als Regieassistentin. Ich mache viele Dinge parallel. Tagsüber bin ich Trainerin, am Abend Regieassistentin. An anderen Tagen unterrichte ich Kinder. Es ist ein interessantes Leben."

23   MARINE SOLOMONISCHWILI
188—193

Marine Solomonischwili lebt in der Altstadt von Tbilissi. Gerade ist sie von einem sechswöchigen Besuch in den USA zurückgekehrt. Wie auf den meisten ihrer Reisen ging es um ihren Einsatz für Gerechtigkeit und Toleranz – ein Thema, das ihr Leben bestimmt.

Sie ist Präsidentin des Jüdischen Frauenbundes in Georgien, aber ihr Augenmerk gilt schon lange nicht mehr nur den jüdischen Frauen, sondern auch anderen Minderheiten, dem Verständnis zwischen den Kulturen und Religionen und der Gleichstellung der Geschlechter. Dafür arbeitet sie seit zwanzig Jahren – unermüdlich, ehrenamtlich, mit bescheidenen Ressourcen und international vernetzt.

Wie so viele Lebensläufe von Georgiern ihrer Generation ist auch ihrer ganz anders verlaufen als geplant: Gerade als Marine Solomonischwili am 9. April 1989 in Moskau den letzten Teil ihrer Promotion in Architektur ablegen soll, schlagen in Tbilissi sowjetische Fallschirmjäger eine gewaltfreie Demonstration mit Giftgas nieder. Es gibt 19 Tote und nichts ist mehr wie vorher. Es ist die Zeit, als die Sowjetunion zerfällt, Georgien sich für unabhängig erklärt und über Jahre kriegerische Konflikte und Wirtschaftskrisen folgen. Ihre Promotion wird sie nicht mehr nachholen und in ihrem Beruf als Architektin nie Fuß fassen können.

So sehr sie dies bis heute bedauert – ihr weiteres Leben ist alles andere als unerfüllt verlaufen.

Als 1994 in Tbilissi die jüdische Zeitung *Menorah* gegründet wird, ist sie mit dabei – sie hatte ja außer Architektur auch Journalistik studiert.

Für die *Menorah* interviewt sie viele nationale und internationale jüdische Persönlichkeiten, wie etwa die große russische Balletttänzerin Maja Plisetzkaya. In ihren Artikeln beschäftigt sie sich intensiv mit der Geschichte und dem jüdischen Leben in Georgien, vor allem den Lebensbedingungen der Familien. Bald erkennt sie: Es sind die Frauen, die am dringendsten Förderung brauchen. So kommt sie auf die Idee, in ihrem Haus einen Salon zu führen: Sie lädt gesellschaftlich engagierte oder berühmte Persönlichkeiten wie Maja Plisetzkaya ein und inspiriert so die jüdischen Frauen in Tbilissi zu einem neuen Frauenbild. Ihr Salon wird schnell bekannt, auch in nicht-jüdischen Kreisen, und bald kommen auch Männer.

Sie wird von amerikanisch-jüdischer Seite gefördert und zu Projekten und Fortbildungen nach Odessa und Jerusalem geschickt. Zusammen mit 50 Frauen gründet sie 1997 einen jüdischen Verband zur Unterstützung von Frauen, anfangs nur für Georgien. Doch schon bald kommen auch Frauen aus Jerewan und aus Baku dazu. 1998 wird der Verband unter dem Namen LEA offiziell registriert – nach ihrer verstorbenen Mutter Lea, von der sie gelernt hat, immer das Gute zu sehen und hervorzuheben. Inzwischen vertritt LEA Georgien im *International Council of Jewish Women*, dem heute 49 Länder angehören. Betreute LEA anfangs nur jüdische Frauen, so widmet sich die Organisation inzwischen auch Kindern und Jugendlichen und anderen ethnischen Minderheiten. Außerdem fungiert sie als Informationszentrum.

Mit ihrer Tätigkeit war Marine Solomonischwili so erfolgreich, dass die israelische Botschaft sie zu einem Kurs in Betriebswirtschaft nach Israel schickte. Daraufhin erweitert sie ihre Aktivitäten: Frauen, deren Männer im Ausland arbeiten, können lernen, wirtschaftlich selbstständig zu werden.

Georgien ist immer noch ein multi-ethnischer und multi-religiöser Staat, wenn auch nicht mehr in dem Maß wie vor der Unabhängigkeit. Es gibt viele ethnisch und religiös gemischte Familien und oft kommt es vor, dass sich ein Partner ausgegrenzt fühlt, weil er zu wenig über die Traditionen der angeheirateten Familienmitglieder weiß. Deshalb hat Marine Solomonischwili ein Buch geschrieben, in dem sie die Thorah erklärt – nicht in religiöser Hinsicht, sondern um die menschlichen und gesellschaftlichen Werte zu vermitteln, die die jüdische Tradition ausmachen. Für Marine Solomonischwili hat jede Religion dieselbe Grundlage: die zehn Gebote. In diesem Sinne will sie Religion und Tradition vermitteln. Sie hat ein Programm entwickelt, nach dem im Jüdischen Haus Unterricht angeboten wird, zu dem nicht nur Juden, sondern auch Muslime, assyrische und orthodoxe Christen kommen, wenn sie mehr über die Traditionen ihrer angeheirateten Familie wissen wollen.

Für Frauen aus verschiedenen Minderheiten hat sie gemeinsame Workshops arrangiert mit Themen wie *Frühlingsfeste und die Rolle der Frau*. Dabei geht es um die jüdischen, christlichen, muslimischen, jesidischen oder assyrischen Feste. Es werden Vorträge gehalten, Trachten gezeigt, die Rolle der Frau bei diesen Festen besprochen. Dabei entsteht ein kultureller Austausch zwischen den Frauen aus den verschiedenen ethnischen Minderheiten.

Doch das ist noch nicht alles. Marine Solomonischwili arbeitet auch als Expertin im Büro des Ombudsmanns in Tbilissi in der Abteilung für Toleranz, Gender und ethnische Minderheiten. Bei internationalen Fortbildungen zu Themen wie Rechtsschutz, Monitoring von Rechtsprechung und in Kulturmanagement erweitert sie ihre Kompetenzen ständig. Hinzugekommen ist auch das Twinning-Programm der nordamerikanischen *Foundation for Ethnic Understanding*.

Dabei werden die jüdisch-muslimischen Beziehungen gefördert, mit dem Ziel, Vorurteile abzubauen. Mit einer Muslimin aus Aserbaidschan als Partnerin hat sie kürzlich an einem Twinning-Projekt in Paris teilgenommen.

Marine Solomonischwili ist ständig international unterwegs und arbeitet in vielen Foren mit, so auch als Koordinatorin in der Arbeitsgruppe Georgien im Rahmen der Östlichen Partnerschaft, mit der die Europäische Union östliche Nicht-EU-Nachbarn bei Reformen unterstützt.

Sie hat teilgenommen an einem internationalen Symposium zum Thema Religion und Recht an der *Brigham Young University* und erst vor kurzem einen Vortrag über Juden in Georgien in Washington an der *Georgetown University* gehalten.

Der Platz reicht nicht aus, um all die weiteren Aktivitäten aufzuzählen, in denen Marine Solomonischwili sich einbringt. Sie bedauert nur, dass sie nicht noch mehr Möglichkeiten und

Ressourcen hat, um sich zum Beispiel auch für die Opfer von häuslicher Gewalt engagieren. Auf der persönlichen Ebene hat sie schon manchen Frauen helfen können, sie haben bei ihr gewohnt und sie hat ihnen Arbeit verschafft. Aber viel lieber würde sie das institutionell machen, etwa mit einer Zufluchtsstätte für diese Frauen.

Marine Solomonischwili hat nie geheiratet, ihre Eltern sind lange tot, ihre Geschwister mit ihren Familien sind vor Jahren ausgereist. Sie wollte dennoch in Georgien bleiben – sie liebt dieses Land und die Aufgabe, die sie hier gefunden hat.

Die Juden in Georgien

586 v. Chr.: Nebukadnezar hatte Jerusalem besetzt und die Juden ins „babylonische Exil" geführt. 539 v. Chr. befreite sie der persische König Kyros der Große. Viele von ihnen gingen nach Persien und ins damalige Kolchis und Iberien, das heutige Georgien. 600 Jahre später, nach der Zerstörung des Zweiten Tempels in Jerusalem im Jahr 70 n. Chr., folgte die zweite Einwanderungswelle.

Erst vor etwa 200 Jahren, zur Zeit der Zarenherrschaft, wanderten Juden aus Osteuropa nach Georgien ein. Sie waren auf der Flucht vor Pogromen und weit verbreitetem Antisemitismus. Diese Aschkenazim machen heute etwa 20 Prozent der jüdischen Bevölkerung in Georgien aus, 80 Prozent sind Mizrachim, also orientalischstämmig.

Jemal Simon Ajiaschwili – Autor, Übersetzer, ehemaliger Parlamentarier sowie Rektor der hebräischen Universität in Tbilissi – ist selbst georgischer Jude. Im europäischen jüdischen Online-Magazin *Shalom* wird er zitiert:

„Bei Anbruch des 20. Jahrhunderts berichteten die Vertreter der europäischen Länder anlässlich eines internationalen jüdischen Kongresses von den Verfolgungen und Pogromen, denen ihre Gemeinden zum Opfer fielen. Rabbiner David Baazov, der aus dem fernen Kaukasus angereist war und Georgien vertrat, begann seine Rede mit folgenden Worten: Brüder, ich komme aus einem Land, in dem seit 2.600 Jahren Juden leben und wo sie noch nie verfolgt oder ermordet wurden. Das Publikum war sprachlos und erschüttert. 1998 wurde die 2.600-jährige Präsenz der Juden in Georgien mit einer

bedeutenden Feier begangen."
(Der Artikel kann in voller Länge auf www. shalom-magazine.com nachgelesen werden.)

Dass dennoch in den Achtziger- und Neunzigerjahren Zehntausende Juden abwanderten, lag an der hoffnungslosen wirtschaftlichen Situation: Zu jener Zeit verließ fast jeder Georgier, der die Möglichkeit hatte, sein Land.

24 MERAB BERDSENISCHWILI & GIORGI TSCHETSCHELASCHWILI
194—205

Merab Berdsenischwili ist ein berühmter Bildhauer und Maler, dessen Monumentalskulpturen an vielen Orten der Sowjetunion zu finden sind, aber auch in Brasilia und New York. Er hat sich intensiv mit der georgischen Geschichte auseinandergesetzt und Figuren oft auch eigenwillig interpretiert. So zum Beispiel Medea, eine Skulptur, die im von Russland besetzten Abchasien direkt am Schwarzen Meer steht. Medea – noch heute ein beliebter Frauenname in Georgien – war Königin von Kolchis, dem heutigen Georgien. Sie half Jason und den Argonauten, das Goldene Vlies nach Griechenland zu entführen. Der Sage nach tötete sie später aus Rache ihre Kinder, deren Vater Jason war. Berdsenischwili zieht eine andere Version vor: Die besagt, Medea rettete ihre Kinder.

Ein anderes Beispiel: Guramischwili lebte im 18. Jahrhundert – ein Held, der in vielen Kriegen gekämpft hat, aber auch ein feinsinniger Dichter war. Berdsenischwili wurde heftig kritisiert, weil er Guramischwili ohne Schwert darstellt. Seine Antwort: „Helden gab es viele in Georgien, aber solch einen Dichter gab es nur einmal. Ich wollte seine Seele zeigen." Berdsenischwili stand immer kompromisslos für seine Überzeugungen ein. Deshalb genoss er hohes Ansehen. Obwohl nicht Parteimitglied, war er Abgeordneter im Obersten Sowjet der UdSSR. Als dort General Rodionow, der den Aufstand der Georgier vom 9. April 1989 mit Spaten und Giftgas niederschlagen ließ, behauptet „Das waren nur Betrunkene, sie haben sich gegenseitig umgebracht", steht Berdsenischwili auf und sagt zu den georgischen Delegierten: „So eine Lüge lassen wir uns nicht bieten. Wir gehen!" Die georgische Delegation verließ geschlossen den Saal. „Gorbatschow lief angeblich rot an vor Wut. Aber so war Merab. Er hatte keine Angst, dass er verhaftet wird.", sagt

Giorgi Tschetschelaschwili, sein Stiefsohn. Zur Erinnerung an jenen 9. April malte Berdsenischwili ein blutrotes Bild.

Giorgi ist fünf, als seine Mutter Merab heiratet. Und obwohl das Kind bei seiner Großmutter aufwächst, ist der Einfluss des Stiefvaters groß. Vor allem in der Kompromisslosigkeit, mit der er für seine Überzeugung eintritt: „Wenn etwas nicht richtig ist, dann tue ich es nicht. Das habe ich von ihm. Ohne ihn wäre ich nicht so."

Giorgi ist Physiker und hat in der Sowjetzeit fast fünfzehn Jahre am Institut für Kernforschung in Dubna nahe Moskau gearbeitet. Um 1990 kehrt er zurück und war seitdem nicht mehr in Russland. „In Georgien gab es keine Möglichkeit, mit dieser Spezialisierung Arbeit zu finden. Viele meiner Freunde gingen ins Ausland, nach Deutschland oder in die Schweiz ans CERN. Ich konnte das nicht, ich hatte hier meine alte Großmutter und ein zweijähriges Kind aus meiner zweiten Ehe. Ich konnte sie nicht verlassen."

Er half Merab, das *Art Muza* aufzubauen: Hier kann man Berdsenischwilis Bilder und kleinere Skulpturen besichtigen. Es ist ein Kulturzentrum mit Veranstaltungssaal, Ausstellungsräumen und einem Hotel, am Rande des Wake-Parks. Die ehemaligen Werkstätten, wo Berdsenischwili mit seinen Schülern arbeitete, sind heute umgebaut, hier wohnt jetzt die Familie.

Seit 2004 arbeitet Giorgi im Zentrum für die Zertifizierung von Lehrern. Das Problem: Das ehemals sehr hohe Niveau der Universitäten und Schulen sowie der Ausbildungsstandard der Lehrer hatten stetig nachgelassen. „Zu meiner Zeit machten jedes Jahr über hundert Studenten ihren Abschluss an der Physik-Fakultät. Jetzt sind es zwei. Physik ist aber auch die Grundlage für Ingenieurwesen und andere technische Zweige. Wir haben viel zu wenige qualifizierte Physiker und Physiklehrer. Bei der Zertifizierung im letzten Jahr sollten die Lehrer Aufgaben lösen, die dem Lehrplan an der Schule entsprechen. Nur acht Prozent haben das geschafft. Dabei war die Belohnung groß: 1.000 Lari Monatsgehalt statt 200. Die Lehrer sagen, es liegt daran, dass Georgien das Curriculum von Neuseeland übernommen hat. Seit zehn Jahren wird statt Grundlagenphysik nur noch praktische Anwendung unterrichtet. Das muss sich dringend ändern. Dafür arbeite ich in der Zertifizierungskommission."

Giorgi fasst die jüngste Vergangenheit nüchtern zusammen: „Die Zeit unter Saakaschwili hat nicht die Verbesserung gebracht, die wir am Anfang erhofft hatten. Alle dachten damals: Die Soros-Stiftung unterstützt die Regierung Saakaschwili finanziell, um sie immun gegen Korruption zu machen. Auch Wissenschaftler bekamen 1.000 Lari extra zu ihrem mageren Gehalt. Woher, das ahnte niemand. Heute wissen wir: All das Geld kam von der Stiftung Iwanischwilis. Allerdings nur ein Jahr lang – bis klar war, in welche Richtung sich Saakaschwili entwickelte. Währenddessen proklamierte Saakaschwili die große Erneuerung und verjagte die alte Intelligenz. Junge Leute kamen ohne entsprechende Ausbildung in hohe Positionen. Das endete in einer großen Enttäuschung. Diese Zeit ist nun hoffentlich vorbei."

---

25   IA ELISASCHWILI
206–213

„Schon als ich ganz klein war, vielleicht drei Jahre alt, hat mich Musik tief berührt. Sie kam mir vor wie ein Wunder. Wie kann ein Mensch einem Instrument so wunderschöne Klänge entlocken? Wenn ich Orgel-Musik oder im Radio Bachs Toccata hörte, kamen mir die Tränen. Bei Opernmusik fühlte ich mich in ein Märchen versetzt. Mein Leben ist Musik. Ohne Musik kann ich nicht leben."

Mit acht Jahren beginnt sie, Geige zu spielen. Später, in der Musikschule, sagt der Direktor zu ihrem Vater: „Sie ist groß und hat lange Finger, für sie ist die Bratsche besser." Ia meint: „Die Bratsche ist die Mutter der Geige. Ihr Klang und die Art wie der Ton erzeugt wird, sind ähnlich. Ich mag beide."

Im Jahr 1990 beendet sie das Konservatorium – gerade als die schlechten Zeiten beginnen. „Daran will ich mich nicht erinnern. Ich weiß nur: Mit der Musik habe ich immer weiter gemacht. Zuerst im Kammerorchester, bald darauf als Bratschistin an der Oper. Doch in der Zeit des Bürgerkriegs gab es nichts zu essen, kein Wasser und keinen Strom. Es fuhren keine Verkehrsmittel. Ich musste den stundenlangen Weg zur Oper und nach Hause zu Fuß gehen. Die Konzerte fanden tagsüber statt, denn bei absoluter Dunkelheit wäre der Weg wegen der Bedrohung durch die Paramilitärs und durch Kriminelle viel zu gefährlich gewesen. Unser Bassist zum Beispiel wurde auf dem Weg zur Oper von einer verirrten Kugel getroffen und so schwer verletzt, dass er nie mehr spielen konnte."

Schon damals kann man von dem Gehalt an

der Oper kaum leben. Weil es keine Arbeit gibt, verlassen die Georgier in Scharen das Land – so auch Ias beide Brüder, denn was sie verdient, reicht nicht für drei. Sie gehen nach Moskau und schicken Geld nach Hause – wie die meisten der circa 800.000 Georgier, die in Russland leben. Wer in jener Zeit keine Verwandten im Ausland hatte, konnte praktisch nicht überleben. Inzwischen hat sich zwar die allgemeine Lage sehr verbessert, allerdings wird das Opernhaus seit mehreren Jahren von Grund auf renoviert und die angekündigte Neueröffnung verzögert sich immer wieder. Ein regelmäßiges ausreichendes Gehalt hat Ia also immer noch nicht – die wenigen Auftritte am Staatlichen Konservatorium und in der Philharmonie sind nicht mehr als ein Zubrot. Vor allem aber vermisst sie an der Oper die Arbeit mit den Sängern und dem Ballett, die große Bühne – all das, was sie an ihrem Beruf so liebt.

Um trotzdem in ihrem Beruf aktiv zu sein, gründete Ia das *Quintett Metekhi,* das von Fall zu Fall auch als Quartett auftritt. Vor einiger Zeit spielten sie in Sugdidi, im Westen Georgiens, nahe der Grenze zu Abchasien. Es war eine Gedenkveranstaltung für die Soldaten des Abchasienkriegs, mit einer Ausstellung von Zeitdokumenten und den Porträts der jungen Gefallenen. Das Quintett sollte nur für die musikalische Umrahmung sorgen. „Aber als wir zu spielen begannen, kamen die Besucher näher, die Mütter, Frauen und Kinder der Gefallenen. Sie bildeten einen Kreis und hörten eine Stunde lang gebannt zu. Die Menschen in Georgien haben eine große Liebe zur klassischen Musik und sie finden darin auch Hoffnung und Trost."

Einige Jahre lang scheint sich das Blatt zu wenden: Der musikinteressierte Professor Gert Hummel, von 1998 bis 2004 Bischof an der deutschen Evangelisch-Lutherischen Kirche in Georgien, unterstützt das Quintett und vermittelt den Musikern Auftritte in Deutschland und Holland: Beim Beethoven-Festival in Saarbrücken, der Partnerstadt von Tbilissi, in Essen, Amsterdam und Maastricht, um nur einige zu nennen. Gert Hummel hatte noch große Pläne für Ias Gruppe – Perspektiven, die mit seinem plötzlichen Tod im Jahr 2004 jäh endeten.

„Bald soll die Oper wiedereröffnet werden – uns Musikern wird es dann wieder besser gehen. Da bin ich optimistisch. Kultur wird unter Iwanischwili einen höheren Stellenwert haben – alle sagen das. Ich bin zuversichtlich, dass wir dann endlich von unserem Beruf leben können."

Aber nicht nur in die neue Regierung setzt Ia ihre Hoffnungen: „Wir glauben fest daran, dass es mit Georgien weiter aufwärts geht. Unsere große Stütze ist Patriarch Ilia II. Er ist unser Vater, er hilft uns in dieser chaotischen Welt zu überleben. Er schenkt uns innere Ruhe und hält stets Rat für uns bereit. Er ermahnt uns, wir sollen zuerst überlegen, dann handeln. Die Leute sagen: Engel beraten ihn. Durch seinen Mund spricht Gott mit uns. Deshalb hören alle auf ihn und tun, was er sagt. 2008 sprach er direkt mit Putin: Damit half er den Krieg zu beenden. Der Patriarch ist unsere Hoffnung und Georgiens Vater." In ihrer Verehrung des Patriarchen ist Ia nicht allein. Viele Georgier – selbst die weniger religiösen – haben großen Respekt für Ilia II.

26 MANANA MACHARADSE
214—219

Manana Macharadse sagt von sich, sie sei in der „rosa" Zeit der Sowjetunion aufgewachsen: Stalin war schon weg. Es gab keine massive Unterdrückung mehr. In ihrer Generation hatte man alles: Medizin und Ausbildung waren kostenlos, die Lebensmittel preiswert. Man hatte vielleicht kein hohes Gehalt, aber man konnte sich alles leisten. Das einzige wirkliche Manko war, dass man nicht ins Ausland reisen konnte.

Die Generation ihrer Eltern ist da ganz anders geprägt – sie haben den Terror des Jahres 1937, die ganze Stalinzeit und den 2. Weltkrieg erlebt. Das sitzt tief und ist der Grund dafür, warum die Leute auch noch in der Saakaschwili-Zeit lieber den Mund hielten, als sich mit einer kontroversen Meinung zu weit aus dem Fenster zu lehnen.

Manana Macharadse arbeitet für den öffentlichen Hörfunk-Sender *Radio 1.* Im öffentlichen Radio und Fernsehen gibt es eine Tradition von guten Dokumentarsendungen, die Autoren sind engagiert und machen gute Beiträge über gesellschaftlich relevante Themen. Die privaten Medien bringen kaum noch anspruchsvolle Filme, sondern vorwiegend Serien und Shows. Bei der Qualität der Nachrichten verhält es sich umgekehrt: Hier gelten die Nachrichten der Privaten als zuverlässiger. Besonders während der Rosenrevolution haben sie sich mit ihrer glaubwürdigen Berichterstattung einen Namen gemacht.

„Interessanterweise konnten wir in der Sowjetzeit trotz des Drucks aus Moskau unsere georgische Identität in den Medien besser bewahren als heute in der Unabhängigkeit: Es gab qualitativ sehr anspruchsvolle Filme auf Georgisch. Heute werden fast alle Formate aus dem Ausland übernommen, rein georgische Sendungen sind seltener geworden – Globalisierung auf Kosten der kulturellen Identität."

Manana Macharadse blickt zurück auf eine lange Laufbahn in TV und Radio: Nach ihrem Pädagogikstudium beginnt sie als Praktikantin im Fernsehen und wird eher zufällig Moderatorin für eine Musiksendung. Ein Jahr lang moderiert sie Live-Sendungen, bis sie zuerst als Regieassistentin und dann als Regisseurin fest angestellt wird. Bald macht sie ihre eigenen Radio-Features über Themen aus Literatur, Wissenschaft und Gesundheit, ist gleichzeitig Autorin, Regisseurin und Sprecherin – bis zur Rosenrevolution 2004, als alle Journalisten und Redakteure mit einem Schlag entlassen werden.

Vorher hatte sie alle Umbrüche, auch strukturelle Veränderungen im Sender, in beruflicher Hinsicht problemlos überstanden. Viele Kollegen waren im Lauf der Zeit gekündigt worden, aber sie hatte immer Glück gehabt, wohl nicht zuletzt deshalb, weil Wissenschaft und Gesundheit unpolitische Themen waren.

Nun, nach der Rosenrevolution, sollte das ganze Land neu auf die Beine gestellt werden. In staatlichen Institutionen, allen voran der Polizei, wurde das gesamte Personal ausgetauscht und auf diese Weise die grassierende Alltagskorruption erfolgreich bekämpft – auch scharfe Kritiker des späteren Saakaschwili sind dafür immer noch dankbar. Die Schattenseite war, dass vielerorts erfahrene Profis mit jungen Leuten ersetzt wurden, die zwar in den neuen Technologien bewandert waren, aber ansonsten völlig unprofessionell waren.

Im staatlichen Radio und Fernsehen lief es so: Sämtliche Sendeplätze wurden neu ausgeschrieben und man konnte sich mit Projektvorschlägen darauf bewerben. Manana landete mit ihrer Idee einen Volltreffer – eine Hörfunkreihe, von der in sechs Jahren 800 Folgen gesendet wurden: *Kleine Geschichten aus unserer Stadt.* In 20-Minuten-Beiträgen erzählen Menschen wie du und ich aus ihrem Leben: Straßenkehrer, Taxifahrer, Lehrer, Ärzte sprechen über ihre Jugend, ihren Beruf, über die Liebe – lauter sehr persönliche Geschichten.

Bei der nächsten größeren Umstrukturierung wurde die Sendung trotz ihres Publikumserfolgs abgesetzt und seitdem macht Manana Macharadse eine wöchentliche Ratgebersendung: *Die Eltern-*

Schule. Ein bekannter Kinderarzt beantwortet Hörerfragen. Den Sendeplatz stellt *Radio 1* zur Verfügung, ihr Gehalt bekommt Manana seit drei Jahren von Humana, voher wurde es zwei Jahre lang von der Firma Hipp übernommen, die in Georgien Apfelmus produziert.

Bald soll die Programmstruktur wieder neu konzipiert werden und sie hofft auf eine Wiederbelebung der *Kleinen Geschichten aus unserer Stadt.* „Die sind nicht nur sehr beliebt bei den Hörern, sondern auch ein wertvolles Zeitdokument und liefern viele gute Stoffe für Autoren."

Sie selbst nähert sich zwar dem Rentenalter, hofft aber trotzdem auch die nächste Umstrukturierung im Sender noch zu überstehen – zu Hause sitzen möchte sie auf keinen Fall.

---

27 VENRA ARBOLISCHWILI & MADONA OQROPIRIDSE
220–227

Ganz in der Nähe von Rustawi, nicht weit von Tbilissi, liegt Koda, eine große Siedlung für so genannte IDPs: *Internally Displaced Persons,* Binnenflüchtlinge aus Südossetien. Hier leben etwa 3.000 der circa 20.000 vertriebenen ethnischen Georgier, die nach dem Krieg vom August 2008 ihre Heimat verlassen mussten.

In Koda unterhält der Deutsche Volkshochschul-Verband International, *dvv international,* ein Zentrum für berufliche Aus- und Fortbildung. Ziel ist es, den Teilnehmern eine berufliche Perspektive zu geben, damit sie es schaffen, ihr Leben wieder selbst in die Hand zu nehmen.

In verschiedenen Kursen werden die Teilnehmer in Schreinerarbeiten, im Schneidern oder zum Friseur ausgebildet. Auch bürotechnische Berufe, Arbeit am Computer und Englisch werden hier unterrichtet. Jugendliche lernen, ihr Handy selbst zu reparieren und wie man mit einem Lötkolben umgeht. Etwa 40 Prozent der Teilnehmer haben inzwischen außerhalb des Flüchtlingslagers Arbeit: Einer konnte sich nach einem Kurs im Möbelschreinern damit selbstständig machen. Von den Frauen, die die Friseurkurse besucht hatten, fanden einige eine Anstellung, andere haben ihren eigenen kleinen Salon eröffnet. Manche sind an Ort und Stelle gefragt: Das Zentrum unterhält einen Laden, den eine vom *dvv international* ausgebildete Kraft führt.

Oder sie unterrichten das, was sie hier gelernt haben – zum Beispiel Venra Arbolischwili aus Eredwi im Bezirk Zchinwali in Südossetien. Die ehemalige Buchhalterin zeigt hier den jungen Frauen, wie man Quilts entwirft und näht. Seit zwei Jahren gibt sie nun schon ihre Kenntnisse weiter: den Umgang mit Stoffen und der Nähmaschine, das Gestalten der Muster und Berechnen der Zuschnitte. Die Quilts werden später auf verschiedenen Märkten oder bei Festlichkeiten verkauft.

Venra Arbolischwili hat – wie die meisten hier – traumatische Erlebnisse hinter sich. Ihr Mann starb, von einer Kugel getroffen, in ihren Armen. Eine zweite, ihr zugedachte Kugel, traf stattdessen ihn ein zweites Mal. Sie erlitt eine schwere seelische Krise und dachte an Selbstmord. Nur der Gedanke an ihre Familie – Kinder, Enkel und Urenkel, insgesamt 42 Personen – gab ihr noch Halt.

Im Quiltmachen hat sie wieder ihre innere Ruhe gefunden: „Ich kann darin meinen ganzen Schmerz und meine unguten Gefühle ausleben. Es ist wie eine Therapie für mich." Das Erfolgserlebnis, wenn unter ihrer Anleitung so schöne Quilts entstehen und die jungen Mädchen ihr handwerkliches Geschick entwickeln, gibt ihr eine tiefe innere Zufriedenheit – ein weiter Weg, seit ihrer Ankunft hier.

Auch Madona Oqropiridse, die Leiterin des Ausbildungszentrums, hat hier im Lager ihren Arbeitsplatz gefunden, einen idealen noch dazu. Schon in ihrer südossetischen Heimat, in Disewi im Bezirk Zchinwali, war sie regionale Leiterin einer humanitären Organisation: von *Women for Peace and Life*. Diese international agierende Nicht-Regierungsorganisation setzte es sich nach den Schrecken des Krieges von 1992 zum Ziel, das Elend der Zivilbevölkerung zu lindern. Sie mobilisierte Hilfe aus dem Ausland: So konnte sie viele Tonnen von Secondhand-Kleidung und Nahrungsmitteln organisieren und an die bedürftigen Familien verteilen.

Im Krieg von 1992 war Madona Oqropiridse selbst Opfer von Gewalt: Sie wurde als Geisel festgehalten und ihr Mann kam in der kriegerischen Auseinandersetzung ums Leben. Diese Erlebnisse bewogen sie, sich in *Women for Peace and Life* zu engagieren. Die Arbeit mit und für Menschen war ihr immer ein Anliegen und so wurde sie in Disewi schon bald Bürgermeisterin – bis sie im Krieg von 2008 ihre Heimat verlassen musste.

In Koda sah sie eines Tages die Anzeige des *dvv international:* Neben Trainern und Büroan-

gestellten suchte man einen Büroleiter für das Ausbildungszentrum. Wegen ihres Alters – sie ist 55 – glaubte sie, keine Chancen zu haben. Beim Vorstellungsgespräch erwähnte sie ihre Bedenken. Aber der deutsche Leiter meinte nur: „Lesen Sie bitte den Aushang draußen noch mal genau." Dort war die Rede von „Lebenslangem Lernen". Seitdem ist sie davon überzeugt, dass „es für die Deutschen nicht wichtig ist, wie alt man ist. Man hat bei ihnen in jedem Alter eine Chance."

Sie leitet nun das Büro und organisiert die Kurse, ist im ständigen Kontakt mit den Bewohnern, versucht jeden zu unterstützen und immer weiterzuhelfen. „Ein Leben ohne täglich mit Menschen zu arbeiten, kann ich mir gar nicht vorstellen. Diese Arbeit gibt meinem Leben einen Sinn. Ich bin froh, Teil des *dvv*-Teams zu sein und an einer Arbeit mitzuwirken, die echte Resultate bringt."

Trotz allem würden auch jetzt – vier Jahre nach ihrer Vertreibung – die meisten der älteren Südosseten lieber heute als morgen in ihre Heimat zurückkehren. Bei den Jüngeren sieht es anders aus. „Je länger sie bleiben und je besser sie sich integrieren können, desto eher werden sie hier bleiben wollen", meint Madona Oqropiridze. Sie selbst gehört noch zu denen, die am liebsten zurückkehren würden.

Ihre eigenen erwachsenen Kinder leben in Tbilissi mit ihren Familien. Beide sind Rechtsanwälte. Sie waren allerdings bereits zum Studium – also schon lange vor dem Krieg – in die Hauptstadt gekommen.

28 Dr. DAWIT MACHATADSE
228—231

Seit 1978 arbeitet Dr. Machatadse im *M. Iashvili Children's Central Hospital*. Er begann hier gleich nach dem Studium und hat seitdem mehrere Abteilungen durchlaufen: die ersten drei Jahre in der Reanimation, dann ein Jahrzehnt in der Diagnostik, wo er sich auf Endoskopie spezialisierte. Nun ist er Leiter der Abteilung für Gastroenterologie.

Im Lauf der Zeit haben sich die Bedingungen kontinuierlich verbessert. Natürlich waren die Übergangsjahre nach der Unabhängigkeit besonders schwierig – ohne Heizung, ohne Strom und vor allem ohne Medikamente. Aber trotz allem gab man nie auf, man arbeitete einfach weiter, Tag für Tag, so gut es ging.

Allmählich sind auch die Gehälter gestiegen und wenn 2014 die Renovierung voraussichtlich abgeschlossen ist, dann wird die Klinik europäisches Niveau haben.

Bis jetzt – im Jahr 2011 – sind leider nur etwa 25 bis 30 Prozent der Patienten versichert. Wer nicht versichert ist, muss auch Operationen selbst bezahlen. Lebensnotwendige Operationen werden aber immer durchgeführt, ungeachtet dessen, ob der Patient dafür bezahlen kann oder nicht. Für vorhersehbare Eingriffe versuchen die Patienten eine Unterstützung zu bekommen, zum Beispiel von der Gemeinde oder der Stadtverwaltung. Es gibt auch Kliniken, die von Versicherungen betrieben werden und nur ihre eigenen Versicherten aufnehmen.

Eine ambulante Behandlung im Krankenhaus kostet etwa 40 Lari, das entspricht 20 Euro – für einen Rentner mit 200 Lari Rente ist auch das sehr viel. Hinzu kommen die Medikamente, die meist importiert werden müssen und entsprechend teuer sind.

Nach der Unabhängigkeit waren die Menschen in Georgien über Nacht ohne medizinische Versorgung: Das kostenlose sozialistische System existierte nicht mehr, plötzlich musste jede Leistung aus eigener Tasche bezahlt werden. Im Lauf der Jahre kam nur ganz allmählich ein kleiner Teil der Bevölkerung in den Genuss einer elementaren Krankenversicherung. Um diesen Missstand zu beheben, hat nun die neue Regierung unter Iwanischwili die allgemeine Krankenversicherung für alle ganz oben auf ihre Prioritätenliste gesetzt. Auch wenn sie beim besten Willen nicht von heute auf morgen Realität sein wird, so bleibt doch zu hoffen, dass eine Lösung in Sicht ist.

---

29   MARINA BAIDASCHWILI
232—237

In ihrer Arbeit als Kinderfrau hat Marina Baidaschwili ihre Erfüllung gefunden, auch wenn sie erst spät, zufällig und aus Not zu diesem Beruf gefunden hat.

Bis 1991 verläuft noch alles in geordneten Bahnen für sie. Aber bis sich dann die Dinge für sie wieder zum Besseren wenden, vergehen fünfzehn bedrückende Jahre. Dass in jener Zeit viele Menschen in Georgien ein ähnliches Schicksal teilen, macht es nur noch schwerer.

1980, mit 24 Jahren, heiratet sie. Vorher hatte sie Jura studiert. Als Armenierin war Russisch ihre Hauptsprache – neben ihren weniger fundierten Armenisch- und Georgischkenntnissen – und deshalb absolvierte sie ihr Studium in einem Fernkurs, bei dem die Prüfungen in Russland abgelegt wurden. Danach arbeitet sie einige Jahre in einer staatlichen Baufirma, aber als sie ihren Mann kennenlernt, verschafft er ihr eine Stelle bei der Feuerwehr – damals eine Dienststelle des Militärs –, wo er Major und Brandmeister ist. Sie ist nun Inspektorin und Instruktorin und muss überprüfen, ob alle Vorgaben erfüllt sind, und den Feuerwehrleuten Theorieunterricht erteilen.

Nach viel medizinischer Unterstützung bekommt sie 1988 das lang ersehnte erste Kind, 1991 folgt das zweite. Um 1990 zeichnet sich bereits ab, dass die Lage in Georgien schwierig wird. Marina bittet ihren Mann inständig, mit ihr nach Russland überzusiedeln. Aber er will, dass seine Kinder als Georgier aufwachsen. Also bleiben sie.

Zwei Monate nach der Geburt ihres zweiten Kindes bricht im Dezember 1991 der Bürgerkrieg in Tbilissi aus. Das Regierungsgebäude und umliegende Häuser stehen in Flammen. Ihr Mann muss als Brandmeister und Stableiter als Erster dorthin, um die Lage einzuschätzen. Dabei wird er von einer verirrten Kugel tödlich getroffen.

Neun Jahre hatten die beiden auf ein Kind gewartet. Dann bekamen sie zwei und sahen der Zukunft voller Hoffnung entgegen. Und mit einem Mal war alles vorbei.

Ihre Lage ändert sich radikal. Zu ihrem eigenen Unglück als Witwe mit zwei kleinen Kindern kommt die dramatische allgemeine Situation: der Krieg in Abchasien, die Zeit ohne Strom und Gas, die Korruption, die stets präsente Kriminalität und die vielen anderen Turbulenzen, bis Georgien Jahre später wieder in ruhigeres Fahrwasser gelangt.

Doch bis es so weit ist, kann Marina nicht arbeiten: Sie findet keine Kinderbetreuung. Der Kindergarten ist nicht geheizt, das Kind ständig krank. Wegen der Straßenkriminalität kann sie den Älteren nicht allein in die Schule schicken. Um für das Nötigste zu sorgen, verkauft sie ihre Möbel, sogar die Betten, und tauscht sie gegen Brot und Milch. Mit ihren Kindern schläft sie auf dem Boden. Hilfe bekommt sie von den Freunden ihres Mannes und von einer NGO, die die Witwen und Waisen der Gefallenen unterstützt, der Demetre-Tavdadebuli-Gesellschaft. Diese Organisation vermittelt Patenfamilien, auch aus Deutschland: Marina wird von Brigitte unterstützt, einer Frau, die selbst behindert ist, drei Kinder hat und deren Mann Koch ist. Drei Jahre lang hilft ihr Brigitte: Sie schickt Lebensmittel, Kleidung und Spielzeug aus Deutschland – Marina ist ihr heute noch dankbar.

2001 beginnt Marina Baidaschwili selbst für die Demetre-Tavdadebuli-Gesellschaft zu arbeiten. Vier Jahre lang schreibt sie Projektanträge, berät Kriegswitwen, organisiert Konferenzen und Erfahrungsaustausch mit anderen Institutionen. Nun ist es ein Vorteil, dass sie perfekt Russisch kann, denn viele Russischsprachige – Armenier, Angehörige anderer Minderheiten und Russen – hatten inzwischen Georgien verlassen.

Neben der humanitären Hilfe geht es bei dieser Arbeit um die Bewältigung der Kriegstraumata, um Konfliktbewältigung und um die Versöhnung in der Gesellschaft. In dieser Mission reist sie für die NGO auch einige Male nach Aserbaidschan und Armenien, wo die Folgen des ungelösten Bergkarabach-Konflikts noch zu spüren waren. Aber diese Arbeit belastet sie seelisch sehr – die Schicksale der Menschen, um die es hier geht, reißen täglich ihre eigenen Wunden wieder auf.

Abgesehen davon reichen das Gehalt und die bescheidene Waisenrente für sie und ihre Kinder nicht aus. Sie gibt Russischunterricht und spendet Blut, um ein kleines Zusatzeinkommen zu haben. Dabei lebt sie äußerst bescheiden: In einer Ein-Zimmer-Wohnung mit etwa 25 qm Grundfläche und einer Empore von etwa 12 qm, wo ihr kleiner Schreibtisch und die Betten der beiden Söhne stehen – sie sind heute Anfang 20. Bad, Toilette und Küche teilt sie mit anderen Hausbewohnern. Dass die Söhne eine eigene Schlafnische haben, verdankt sie ihrem Nachbarn, der für sie die Mauer durchbrach und ihr den Raum abtrat.

Vor etwa fünf Jahren taucht eine neue Perspektive auf: Eine Freundin bittet sie, ihr vier Monate altes Enkelkind zu betreuen. Dreieinhalb Jahre kommt Marina jeden Tag ins Haus und kümmert sich um das Mädchen. Bis heute hat sich der Kontakt zu ihr gehalten. Es folgte der kleine Sandro. Ihn betreut sie nun schon seit zwei Jahren. Sie weiß jetzt: Kinderfrau zu sein, ist ihre eigentliche Erfüllung.

Und so kommt es, dass sie sich heute als glücklichen Menschen bezeichnet. Es gibt aber noch einen zweiten Grund: „Ich hatte einen wunderbaren Mann. Die Liebe, die er mir gegeben hat, trägt mich bis heute. Und ich habe zwei gut geratene Söhne und sehr liebe Freunde und Verwandte."

TINA GELADSE
238–245

Tina Geladse und ihr Mann sind Rentner in ihren Sechzigern. Seit neun Jahren wohnen sie unweit der zentral gelegenen Leselidse-Straße, einer auch bei Touristen beliebten Gegend mit Kopfsteinpflaster, alten Bäumen, Geschäften, Buchhandlungen, Restaurants und einem kleinen Park. Früher wohnten sie in Wake, einer gutbürgerlichen Gegend, die als bestes Viertel der Stadt gilt. Doch sie zogen weg, als ein großer Schicksalsschlag ihr Leben erschütterte: Ihr Enkelsohn wurde ermordet. Und alles dort erinnerte sie an ihn.

Das Unglück passierte in jener Zeit der Rechtlosigkeit, der unkontrollierten Kriminalität und Korruption. Es war bei einer Familienfeier in einem Lokal. „Niemand weiß, wie es zu dem Mord kam: Unser Enkel, er war siebzehn, ging zur Toilette. Zwei andere junge Männer, auch sie bei einer Familienfeier, verließen gleichzeitig den Raum. Wenige Momente später war unser Enkel tot, erstochen. Er kannte seine Mörder gar nicht. Sie konnten weglaufen und ins Ausland fliehen. Auf Polizei und Gerichte war kein Verlass."

Und das ist es, was Tina Geladse am meisten schmerzt: „Wenn es ein normales Land wäre, hätte man die Täter doch festgenommen und vor Gericht gestellt!"

37 Jahre lang hat Tina Geladse als Laborantin im 9. Krankenhaus gearbeitet, seit ihrem 19. Lebensjahr, als sie den technischen Zweig der Schule beendete. Da war sie schon fünf Jahre verheiratet. Mit vierzehn hatte sie Gela Geladse geheiratet. Ihr Sohn ist heute fünfzig und ihr Urenkel geht schon in die zweite Klasse. In ihrer Generation waren so frühe Ehen keine Seltenheit: „Wenn zwei junge Leute sich ein oder zwei Jahre mögen, dann wird geheiratet. Heute wartet man länger, aber zu meiner Zeit galt man mit 22 als alte Jungfer."

Nach fast drei Jahrzehnten ihrer Arbeit im 9. Krankenhaus fängt im Land und damit auch für die Geladses die Zeit der Krisen an. Jeden Monat wartet Tina Geladse, wie viele andere auch, vergeblich auf ihr Gehalt. Neun Jahre lang. „Wenn du dreißig Jahre in deinem Kollektiv gearbeitet hast, dann kündigst du nicht so leicht. Du denkst, vielleicht kommt das Geld ja morgen oder übermorgen. Das wird zur Gewohnheit."

Nach dem Tod des Enkels hört sie auf zu arbeiten. Ihr Mann hat zu dieser Zeit einen Minibus, den er als *Marschrutka* an einen Chauffeur vermietet, der damit im Linienverkehr bestimmte Routen abfährt und Passagiere einsammelt. Das läuft dreizehn Jahre lang gut. „Dann kam 2007 einer von Saakaschwilis Nationalpartei und sagte, die Route braucht jetzt er! Mein Mann musste den Minibus billig verkaufen. Die Nationalpartei hat überall alles kontrolliert. Ein Bekannter von uns hatte in Telawi eine Tankstelle. Jemand von der Regierungspartei kam mit einem Notar und sagte: ‚Sie müssen mir die Tankstelle überschreiben.' Wer sich da weigerte, kam ins Gefängnis. Die Leute wehrten sich nicht, um noch größere Probleme zu vermeiden. Man hörte ständig von solchen Fällen. Man konnte nicht dagegen klagen – höchstens in Straßburg."

Durch die jüngsten Ereignisse fühlt sie sich in ihrer Meinung über Saakaschwili und seine Leute bestätigt: „Unmittelbar nach den Wahlen im Oktober 2012 haben sich fünfzehn Leute aus der Regierung ins Ausland abgesetzt. Warum tun sie das, wenn sie ein gutes Gewissen haben? In den Ministerien haben sie sofort die Dienstwagen heimlich verkauft – schnell, bevor die neue Regierung kommt."

Wie so viele hofft sie jetzt auf Iwanischwili. „Ich hatte schon früher gehört, dass ein Unbekannter namens Iwanischwili in Satschchere – seinem Heimatort – Krankenhäuser und Schulen gebaut hat. Er hat alle seine Klassenkameraden eingeladen und jedem einen Autoschlüssel für ein neues Auto in die Hand gedrückt. Vor kurzem erschien ein Buch, in dem alle Gebäude abgebildet sind, die Iwanischwili in den letzten Jahren hat bauen oder renovieren lassen, zum Beispiel auch das Erste Gymnasium auf dem Rustaweli-Boulevard. Niemand wusste davon – es war ja Saakaschwili, der sich jedes Mal hingestellt und zur Einweihung das Band zerschnitten hat."

Wie so viele Leute, die sich noch an die Sowjetzeit erinnern, meint sie: „Vor der Unabhängigkeit ging es uns gut, wir hatten ein gutes Auskommen, ärztliche Versorgung, Rente, wir konnten schöne Reisen machen. Danach kam die große Krise und seitdem geht es ganz langsam aufwärts, sehr langsam. Und nun vertrauen wir auf morgen und übermorgen."

---

31 MANANA TSCHCHAIDSE
246—253

Ihre Begabung für Mathematik und naturwissenschaftliche Fächer zeichnet sich schon früh ab. Als es darum geht, eine Studienrichtung zu wäh-

len, kommt deshalb für Manana Tschchaidse nur der mathematisch-physikalische Zweig in Frage. Ärztin wäre da vielleicht auch ein schöner Beruf gewesen, denn sie wollte immer gern helfen. Aber letztendlich entscheidet sie sich für Mathematik.

1962 schließt sie ihr Studium ab und arbeitet zunächst am Forschungsinstitut für Physik. Sehr bald wechselt sie zum Metallurgischen Forschungsinstitut. Die Metallurgie hat in Georgien eine sehr lange Tradition: Schon 3.000 v. Chr. wurde dort Gold abgebaut, im 6. Jahrhundert v. Chr. kamen Silber, Kupfer und Eisen hinzu und man schmiedete hervorragende Schwerter.

Manana Tschchaidse erzählt von ihrem heimatlichen Swanetien: „Bis vor wenigen Jahren siebte man das Gold mit Schaffellen aus dem Wasser." Sie erinnert damit an das Goldene Vlies aus der Sage der Argonauten: In der Antike war Swanetien ein Teil von Kolchis. Und dort eroberte Jason mit der Hilfe der kolchischen Königstochter Medea das Goldene Vlies.

Der letzte Höhepunkt der georgischen Metallurgie war zur Sowjetzeit, als man an den hiesigen Forschungsinstituten neue Metallverbindungen für die Raumfahrt entwickelte. Doch dieser Industriezweig hat weitgehend an Bedeutung verloren: Einerseits durch die Unabhängigkeit Georgiens – Russland hat seine Raumforschungsinstitute in die Heimat verlegt. Andererseits durch den Niedergang der energieintensiven Forschung, als es in den Krisenzeiten keinen Strom und kein Gas gab. Der Betrieb stand still. Später wurde die Industrie privatisiert, die weitläufigen Gebäude anderweitig vermietet. Und als es wieder aufwärts ging, hatte man den Anschluss an die neuesten Entwicklungen verloren.

1994 geht Manana Tschchaidse in Rente. Sie ist 55, dies war das normale Rentenalter für Frauen in der Sowjetzeit. Auch als sie noch arbeitete, hatte für sie ihre Familie immer den Vorrang. Um für ihre drei Töchter da zu sein, arbeitete sie so oft wie möglich in Teilzeit. Ihr Mann, ursprünglich Tierarzt, war als Biologe tätig. Er war sehr talentiert, hatte gute Karriereaussichten. Als man ihn in den Sechzigerjahren sogar ins Ausland schicken wollte, verzichtete er jedoch darauf: Er fühlte sich für seine fünf jüngeren Geschwister verantwortlich. Um sie kümmerte er sich, seit sein Vater 1937 während der Stalinschen Säuberungen im Alter von 33 Jahren erschossen worden war. Er ersetzte ihnen den Vater und ermöglichte ihnen ihre Ausbildung.

Mittlerweile lebt etwa eine Million Georgier

im Ausland. Die meisten schicken Geld nach Hause, sie studieren oder nehmen berufliche Chancen wahr, die ihnen das kleine Georgien nicht bieten kann. Doch Mananas Kinder haben sich zum Bleiben entschieden: „Meine drei Töchter haben ihr halbes Leben in Deutschland verbracht. Es gefällt ihnen sehr gut dort, sie mögen die Deutschen, haben dort viel erreicht – und dennoch: Leben wollen sie in Georgien. Wir sind in erster Linie Georgier, aber wir sind auch sehr weltoffen."

Georgien stand immer im Austausch mit anderen Kulturen. Es war das Durchgangsland auf dem Weg nach Asien, hier verläuft die Seidenstraße, die Karawansereien zeugen noch davon. Aufgrund seiner geografischen Lage und der blühenden Landwirtschaft war Georgien stets Objekt der Begierde seiner Nachbarn – ob Perser, Osmanen, Zaren oder der Sowjetunion.

In diesem Umfeld über die Jahrhunderte die eigene Identität zu wahren, gelang den Georgiern dank ihrer Sprache und der georgisch-orthodoxen Religion, die viel mehr ist als Religion – nämlich Teil der Kultur und Ausdruck der georgischen Identität. Wobei auch die Rolle des Patriarchen über seine rein religiöse Bedeutung weit hinausgeht.

Manana Tschchaidse lebt diese Religion sehr intensiv: „Zur Zeit der Sowjetunion hatte man Angst, seine Frömmigkeit zu zeigen. Man konnte gekündigt oder verhaftet werden. Ich war nie in der Partei und ich bin auch damals in die Kirche gegangen." Heute zeigen die Menschen ihre Religiosität ganz selbstverständlich: Viele bekreuzigen sich, wenn sie an einer Kirche vorbeigehen. Und in jeder Wohnung findet man den Winkel mit vielen Ikonen.

Mananas Kirche liegt ganz in der Nähe, ein aus privaten Spenden finanziertes Gebäude – ganz neu, so dass die weißen Wände noch nicht mit Ikonen bemalt sind. Hierher kommt sie fast jeden Tag, plaudert im Vorhof der Kirche ein bisschen mit den anderen Frauen aus dem Viertel und besucht „ihre" Ikonen zum Gebet. Auch als Besucher aus dem Ausland spürt man die Geborgenheit, die diese Art der Religiosität und Gemeinschaft gibt.

32 KACHA GWELESIANI
254—257

Wer von der lärmenden A. Zereteli Avenue aus das Gelände der *ExpoGeorgia* betritt, vor dem liegt ein wunderschön angelegter Park, ein Paradies der Ruhe. Nicht nur die Messebesucher können ihn genießen: Wenn keine Ausstellungen stattfinden, ist der Park für die Anwohner geöffnet.

Als jedoch Kacha Gwelesiani das Messegelände 1994 übernimmt, ist es auf seinem Tiefpunkt angelangt: Nach den Bürgerkriegsjahren in Tbilissi, den Kriegen in Abchasien und Südossetien stehen zwar die 1959 erbauten Hallen noch, das übrige Gelände ist aber zur Müllhalde verkommen. Es gibt kein Geld, keine Elektrizität, kein Wasser, kein Gas, kein wirtschaftliches Potenzial und vor allem: keine Aussicht auf eine bessere Zukunft. „Wie soll ein kleines Land wie Georgien unter diesen Umständen wieder auf die Beine kommen? In einem großen Land haben einmal in Gang gekommene Entwicklungen die Trägheit von Ozeandampfern – sie sind nicht so leicht vom Kurs abzubringen. Ganz anders in einem kleinen Land, wo eine Krise sofort alles in Frage stellen kann."

Kacha Gwelesiani lässt nach und nach die Hallen renovieren und schafft feste Stellen für Landschaftsgärtner, die sich nun um den Park kümmern. Inzwischen ist er sogar sehr viel schöner und vielfältiger angelegt als zur Sowjetzeit. 1996, zwei Jahre nach Gwelesianis Amtsantritt, wird die Expo privatisiert und firmiert seitdem unter dem Namen *ExpoGeorgia*. In einem groß angelegten Programm – dem *ExpoGeorgia Development Project* – werden die Ausstellungshallen nun vergrößert und nach europäischen Standard modernisiert.

1982 schließt Kacha Gwelesiani sein Maschinenbaustudium ab. Es folgt ein Aufbaustudium im Fach Internationale Beziehungen. Bis 1993 arbeitet er am Institut für Bergbauwissenschaften, zuerst im Labor für Tagebau, dann für Hydraulische Beförderung. 1994 übernimmt er die Expo.

Sein Blick auf sein Land, dessen Stärken und Schwächen, ist realistisch: „In der sowjetischen Zeit war Georgien extrem erfolgreich, Georgier waren führend in Sport, Kultur und Wissenschaft, man hatte gute Chancen, sein Talent zu entwickeln. Nach dem Zerfall der Sowjetunion begannen die ehrgeizigen Ziele und die Realität auseinanderzuklaffen. Der Markt ist einfach zu klein, auch zu klein für die vielen gut ausgebildeten Leute: Viele Familien verkauften ihre Wohnung, um ihre Kinder an die besten Universitäten im Ausland zu schicken. Jetzt gibt es Tausende hochqualifizierter Akademiker, die in Harvard, Stanford, Heidelberg oder Berlin studiert haben. Leider fehlt es in diesem kleinen Land an ausreichend Arbeitsplätzen für sie.

Georgien war aufgrund seiner geopolitischen Lage immer wieder in Konflikte verwickelt. Seine Geschichte als christliches Land reicht 1.500 Jahre zurück, seine westliche Kultur geht zurück auf die griechische, römische und byzantinische Kultur. Diese Verwurzelung ist sehr stark und der Grund dafür, warum die benachbarten muslimischen Länder das Land nie grundlegend verändern konnten. Bis heute ist Georgien nach Westen orientiert. Diese Lage am Schnittpunkt der Kulturen hat ihre Vor- und Nachteile. Trotz aller Elnflüsse von außen und kriegerischen Auseinandersetzungen hat Georgien jedoch immer seine Identität gewahrt."

Vor diesem Hintergrund, der schwierigen Situation eines winzigen Landes zwischen verschiedenen religiösen Kulturen, wirtschaftlichen und politischen Systemen, gewinnt die *ExpoGeorgia* eine enorme Bedeutung für Georgiens Wirtschaft. Aber Kacha Gwelesani nennt noch einen wichtigen Aktivposten Georgiens: Seine Glaubwürdigkeit. „Niemand würde Steuern zahlen wollen in einem Land, dessen Regierung nicht glaubwürdig ist. In diesem Punkt unterscheidet sich Georgien von den anderen post-sowjetischen Ländern: Hier zahlt jeder seine Steuern. Die Glaubwürdigkeit eines Landes auf internationaler Ebene hat wiederum eine unmittelbare Rückwirkung auf seine Wirtschaft und damit auf alle Bürger."

Doch noch reichen die Steuereinnahmen nicht für große Entwicklungssprünge: Das Bruttoinlandsprodukt liegt nur bei etwa 2.000 Dollar pro Kopf.

Diese Situation zu verbessern ist Kacha Gwelesianis Anliegen, darin sieht er seine Aufgabe, wenn er mit vielen Ideen und Engagement die *ExpoGeorgia* vorwärts bringt.

33   CHATUNA TSCHUMBURIDSE
258—265

Schon als Kind nimmt Chatuna an Meisterschaften im Fechten teil. In den späten Achtzigerjahren gehört sie bereits zur sowjetischen Mannschaft und ficht bei Wettkämpfen in der ganzen Sowjetunion, aber auch in internationalen Begegnungen, wie etwa in Essen und Köln. Mit 17 steht für sie fest: Sie will Profi werden. Damit ist es vorbei, als 1990 die Sowjetunion zerfällt. Von nun an kann sie nur noch in Georgien fechten.

Chatuna bleibt auch in den harten Neunzigerjahren ihrem Sport treu, jetzt aber parallel zum

Wirtschaftsstudium. An einen Aufstieg – ob sportlich oder beruflich – ist in dieser schwierigen Zeit kaum zu denken. Um Profi zu werden, hätte sie ins Ausland übersiedeln müssen – viele ihrer Freunde taten das damals und machten in den USA Karriere. Der 17-jährigen Tochter wollten die Eltern das nicht erlauben. So bleibt sie und studiert. Aber das Fechten, ihre Leidenschaft, übt sie dennoch aus, bis sie 26 ist.

Dann vergehen zwölf Jahre: Sie heiratet, bekommt zwei Kinder, arbeitet als Sportjournalistin und dann in einer Bank. Erst 2010 kehrt sie zum Fechten zurück, jetzt als Trainerin von zehn Schülerinnen. Eine von ihnen hat bereits den zweiten Platz bei der Weltmeisterschaft für Kinder in Ankara erreicht.

„Nach den Kriegen und Notlagen ist das Leben wieder besser geworden. Ich als Sportlerin hätte mich vielleicht besser entwickeln können, wenn es keine so dramatischen Umbrüche gegeben hätte. Vielleicht wäre ich sogar Weltmeisterin geworden." Es kam anders und so freut sie sich über ihre neue Aufgabe: die nächste Weltmeisterin auszubilden.

Inzwischen hat Chatuna Tschumburidse in Bratislava die internationale Schiedsrichterprüfung für Fechten bestanden – sie ist wieder in der Welt der internationalen Fechtwettkämpfe angekommen.

„Das Beste im Leben ist, wenn man genug zum Leben hat und das machen kann, was man liebt. Mit meiner Familie und meinem neuen Beruf als Trainerin und Schiedsrichterin bin ich ein glücklicher Mensch."

34   GIORGI TSCHAWLEISCHWILI
266—271

Als Kind in den Neunzigerjahren entdeckt Giorgi seine erste Leidenschaft: Basketball. Es war die schlimmste Zeit in Georgien: in der Turnhalle kein Strom, keine Fensterscheiben, keine Heizung. Allgegenwärtige Straßenkriminalität, so dass ihn seine Mutter zum abendlichen Training begleiten muss. In mehrere Mäntel gehüllt wartet sie, bis sein Training zu Ende ist. Es war die Zeit des Bürgerkriegs.

Bald vertritt Giorgi sein Land in der Nationalmannschaft der Unter-16-Jährigen und spielt in vielen ost- und westeuropäischen Ländern. Er ist erst 15, als ihn Bulgarien für sein Team rekrutiert. Dort schließt er im internationalen Wohnheim Freundschaft mit amerikanischen Studenten und erkennt: Basketball ist nicht alles, er will eine gute Ausbildung.

Zurück in Georgien lernt er zielstrebig Englisch. Als er an der Basketball-Europameisterschaft teilnimmt, entdecken ihn amerikanische Scouts. Er bekommt ein Sport-Stipendium für eine der besten Highschools in Virginia. Hier wird ihm endgültig klar: Die akademische Ausbildung ist ihm wichtiger als der Sport.

Am College studiert er Politikwissenschaft und Wirtschaft. Dies öffnet ihm die Augen für die Vorgänge in der Welt – und in Georgien. Das Thema seiner Abschlussarbeit: „Die Bedeutung eines guten Erziehungswesens für die Entwicklung eines Landes."

Im Sommer 2008 kehrt er als 23-Jähriger nach Georgien zurück, mit guten Kontakten und voller Visionen. Wenige Woche später beginnt der Krieg mit Russland um Südossetien. Alle Investoren, die in den Jahren zuvor in Georgien eine Zukunft gesehen hatten, verlassen fluchtartig das Land. Es gelingt ihm dennoch, 50.000 Dollar für seinen Plan locker zu machen: LEAF, ein Amerikanisch-Georgisches Bildungszentrum, zu gründen – ein Schulzentrum für Jugendliche, in dem sie die Freizeit und die Unterrichtszeit gern verbringen. Inzwischen ist seine Vision Realität geworden: Die Schüler sehen in den Lehrern und Betreuern ihre Freunde. Sie kommen nicht nur gern in die Schule, sie können es kaum erwarten.

Giorgi Tschawleischwili: „Alle Lehrer arbeiten sehr engagiert. Ich selbst bin außer sonntags täglich von acht Uhr früh bis zehn oder elf Uhr abends hier. Wenn die Kinder kommen und reden wollen, kann ich nicht einfach heimgehen. Ich will dann für sie da sein."

Im ersten Jahr kommen die Jugendlichen nur am Nachmittag von vier Uhr bis zehn Uhr abends. Sie erhalten Unterstützung im Unterrichtsstoff und Coaching für die Aufnahmeprüfung an europäischen und amerikanischen Hochschulen. Inzwischen ist normaler Vormittagsunterricht für 10. und 11. Klassen hinzugekommen. Der Zulauf ist groß, bald werden weitere Klassenstufen aufgemacht und demnächst wird das erste Internat für die Sekundarstufe in Georgien gegründet.

„So schwer die Zeiten waren, die wir durchgemacht haben – ich wäre heute nicht hier, wenn es diese Umwälzungen nicht gegeben hätte. Wir gehen in die richtige Richtung. Die Alltagskorruption, die uns allen das Leben so schwer gemacht hat, ist praktisch ausgerottet. Natürlich gibt es noch Korruption auf hohem Niveau – genauso wie überall. Aber heute kann man etwas erreichen, wenn man seine Steuern und seine Rechnungen bezahlt und sich an die Regeln hält, auch wenn man – so wie ich – nicht aus einer privilegierten Familie stammt. Es geht uns heute viel besser als zu sowjetischen Zeiten oder zur Zeit Schewardnadses. Die Leute haben mehr Zugang zu Informationen, es gibt eine Opposition und Bürger, die demonstrieren, so wie es in einer Demokratie normal ist.

Die Zukunftsaussichten bleiben unklar – denn man weiß nie, was mit Russland passieren wird. Wenn es 2008 keinen Krieg gegeben hätte, wäre unsere Lage heute viel besser. Wir können nichts vorhersehen. Wir werden weitermachen und es wird aufwärts gehen. So war es jedes Jahr und ich denke, so wird es weitergehen."

თბილისი

IMPRESSUM
Die Publikation erscheint im Rahmen der
Ausstellung TIFLIS—LEBEN IN EINER
NEUEN ZEIT vom 19. März bis 8. April 2014
im Gasteig München.
Ein Projekt von Lisa Fuhr,
München/Tiflis 2010—2014

PUBLIKATION
Fotografie & Text: Lisa Fuhr
Gestaltung: Studio Johannes Bissinger
Übersetzungen: Cisia Makhatadze (Geo-D),
Megan Hayes (D-E)
Lektorat: Gabriela Weitenauer
Presse: Sabina Strambu
Druck: Elbe Druckerei Wittenberg
Schriften: Geometric Sans Serif/Stanley bold/
Sakatrvelo-ITV
Papier: Gardapat 13 Klassica, 115g/m²
Auflage: 1000 Ex.
© 2014 für Fotografien und Texte: Lisa Fuhr
© 2014 für diese Ausgabe: icon verlag, München
Alle Rechte vorbehalten

UMSCHLAGTEXT/GEORGISCH
Innenklappe: Tiflis—Leben in einer neuen Zeit
Rückseite: 34 Porträts

TEXTZITAT (S. 136/137)
Dato Turaschwili «Die Jeans-Generation»
Aus dem Georgischen von Anastasia
Kamarauli, Verlag Klaus Wagenbach

DANKSAGUNG
Cisia Makhatadze, Hubert Kretschmer

Jacques Baudin, Aurelie Colas, Natia Gongadze,
Anais Goulko, Rachel Gratzfeld, Tamuna
Gurchiani, Beatrice Hecht-El Minschawy, Lela
Iremadze, Tinatin Iremadze, Tina Jikurashvili,
Kitty Kalmakhelidze, Marika Kerezelidze, Tea
Kikvidze, Matthias Klingenberg, Milena Klipingat,
Keti Memanishvili, Elena Mendoza, Marine
Mizandari, Beate Reibold, Matthias Rösele,
Manana Samushia, Lothar Schiffler, Manana
Tandaschwili, Christian Topp, Barbara Wattendorf

Besonders herzlich bedanke ich mich bei meinen
Interviewpartnern in Tbilissi für das Vertrauen,
mit dem sie mir einen Einblick in ihr Leben gegeben
haben./Lisa Fuhr

ICON VERLAG, München
ISBN 978-3-928804-46-2
www.icon-verlag.de